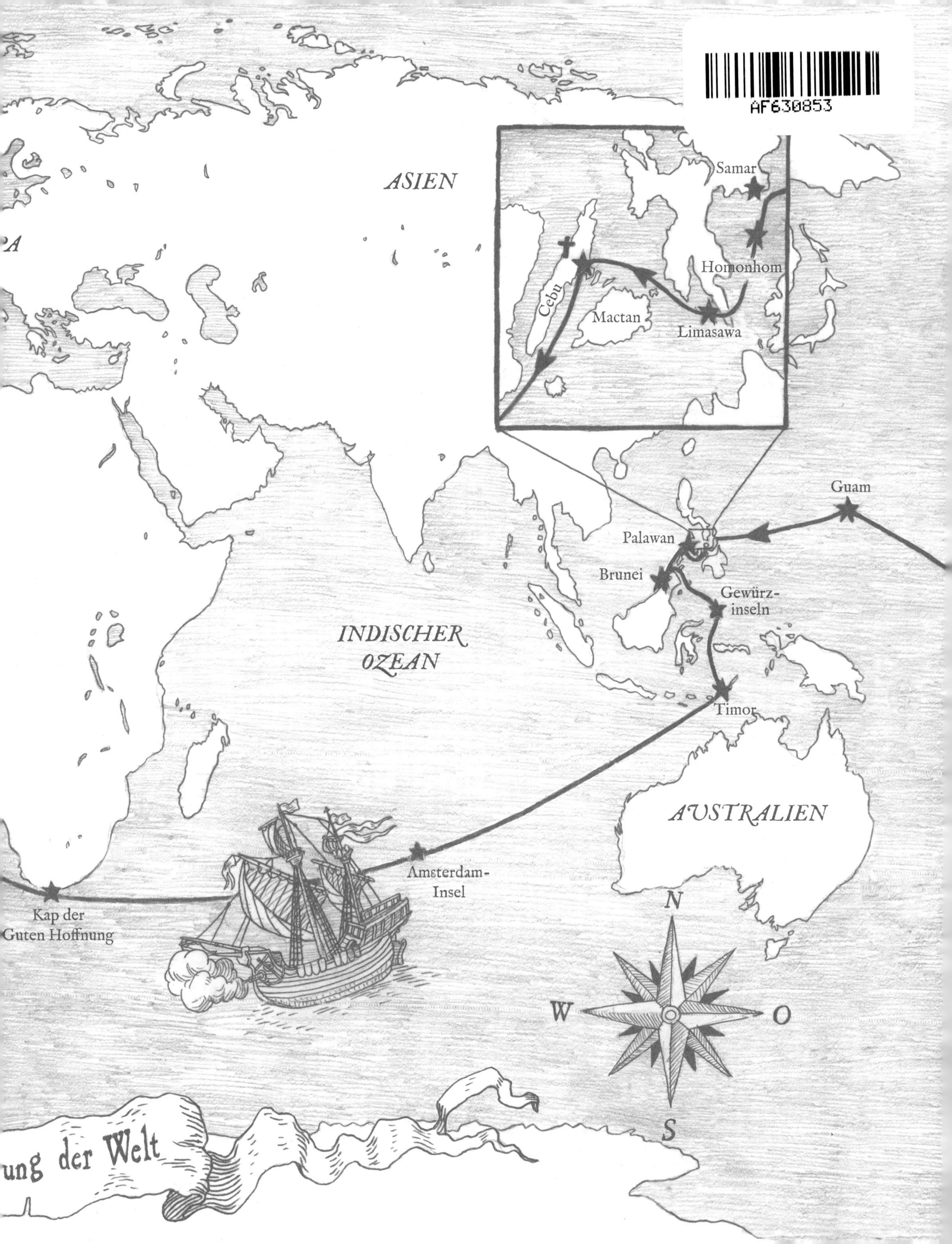
ASIEN
Samar
Homonhom
Cebu
Mactan
Limasawa
Guam
Palawan
Brunei
Gewürz-
inseln
INDISCHER
OZEAN
Timor
AUSTRALIEN
Amsterdam-
Insel
Kap der
Guten Hoffnung
N
W
O
S
ung der Welt

Magellan

oder Sternstunden der Seefahrt

Volker Mehnert
Tim Köhler

Magellan

oder Sternstunden der Seefahrt

GERSTENBERG

Inhalt

Aufbruch ins Unbekannte

Heimkehr mit letzter Kraft

Prolog

Überraschung für den Albatros

Majestätisch schwebt ein Albatros über dem südlichen Atlantik. Der elegante Flugkünstler spielt mit Wind und Sturm, als habe er sie persönlich bestellt. Hunderte, ja Tausende von Kilometern kann er zurücklegen, bevor er irgendwo und irgendwann wieder auf eine Insel oder zum Festland zurückkehrt. Kein anderer Vogel auf der Welt besitzt so große Flügel wie er; mehr als dreieinhalb Meter Spannweite haben sie. Auf unsichtbaren Bahnen erhebt er sich in die Lüfte und gleitet wieder hinab. Haarscharf segelt er über die Wasseroberfläche im Auf und Ab mit den Wellen, wenn er das aufgewühlte Meer nach Fischen absucht.

Seit Millionen von Jahren kreisen seine Artgenossen über den eisigen, stürmischen Meeren auf der Südhalbkugel der Erde. Doch was er jetzt plötzlich unten auf dem Wasser erspäht, hat noch kein Albatros gesehen: fünf fremdartige hölzerne Ungetüme, die auf dem Ozean unterwegs sind. Die Wogen sprühen haushohe

Gischt über die Schiffe, die mit dem Wind kämpfen. Gegen acht bis neun Meter hohe Wellen müssen sie anrennen. Es ist ein langsames und beschwerliches Vorankommen, während der Albatros über ihnen mühelos seine Runden dreht.

Vögel kennen keine Zeitrechnung, aber für die Menschen ist das Jahr 1520 n. Chr. angebrochen, als die kleine spanische Flotte in diese entlegenen Gewässer segelt. Ihr Kommandant ist der Portugiese Fernão de Magalhães, den die Spanier Fernando de Magallanes nennen und die Deutschen Ferdinand Magellan. Er sucht einen noch unbekannten Seeweg – von Europa Richtung Westen über den Südatlantik nach Asien.

Dem Albatros sind die Absichten dieser fremden Eindringlinge egal. Der Herr der stürmischen Lüfte kennt zwar die gesuchte Durchfahrt, er hat sie schon oft überflogen. Doch er wird sie diesen merkwürdigen Wesen nicht zeigen. Sie müssen die Passage auf ihrer waghalsigen Expedition schon selber finden. Und das wird ein Abenteuer, wie es die Menschheit bis dahin noch nicht erlebt hat.

NAVIGARE NECESSE EST!

Dieser lateinische Ausspruch heißt auf Deutsch: »Seefahrt ist notwendig!« Der römische Feldherr Pompeius soll ihn seinen Matrosen zugerufen haben, als diese sich weigerten, bei Sturm den Hafen zu verlassen. Gemeinsam mit ihm müssten sie ihren Auftrag erfüllen, auch wenn sie auf dem Meer dabei ihr Leben riskierten. Im Laufe der Geschichte haben viele Seefahrer diesen Wahlspruch beherzigt, als sie zu abenteuerlichen Expeditionen und Weltumseglungen aufgebrochen sind. Ferdinand Magellan ist einer der berühmtesten.

Europa erobert die Weltmeere

Portugal – die Seefahrernation

»Hier wollen wir nicht weiter, wir haben Angst«, entsetzen sich die Matrosen, als an der afrikanischen Nordwestküste das berüchtigte Kap Bojador in Sicht kommt. Wie fast alle Seefahrer und Geografen in Europa glauben sie, dass hinter dieser Landzunge das »mar tenebroso«, das Meer der Finsternis, beginnt. Dort tobe ein brodelnder Ozean mit fürchterlichen Seeungeheuern und einer glühenden Sonne, die den Menschen die Haut verbrennt. Niemand könne von dort zurückkehren, denn es sei der Rand der Welt. Gefährliche Strömungen zögen die Schiffe über die Kante der Erdscheibe hinunter.

Einer, der nicht an dieses Märchen glaubt, ist der Infant Dom Henrique. Er ist ein portugiesischer Prinz, den sie später »Henrique o Navegador«, Heinrich den Seefahrer, nennen werden. Zwar unternimmt er selbst keine Entdeckungsreisen auf den Ozeanen, aber er fördert die portugiesische Schifffahrt durch die Ausbildung von Seeleuten, moderne Methoden der Navigation und den Bau neuartiger Schiffstypen. Immer wieder fordert er seine Kapitäne auf, doch endlich das gefürchtete Kap Bojador zu umsegeln. Er liest ihnen Berichte über Afrikareisen vor und zeigt ihnen Landkarten von arabischen Händlern. Die sollen beweisen, dass die Welt im Süden nicht zu Ende ist. Dom Henriques Ansichten sind nicht besonders beliebt, denn er glaubt den Angaben der mit Portugal verfeindeten Muslime mehr als den Theorien und Lehrmeinungen im christlichen Europa.

Zehn Jahre lang schickt der Prinz ein Schiff nach dem anderen Richtung Süden. Doch auch die mutigsten Kapitäne und Besatzungen trauen sich am Kap nicht vorbei. »Dom Henrique hat gut reden«, sagen sie, »er selbst muss ja nicht hinaussegeln auf das unbekannte, fürchterliche Meer.« Riffe, Untiefen und Strömungen sind dort tatsächlich ein gefährliches Hindernis für die Schifffahrt, aber die Furcht vor dem bedrohlichen Weltende ist der Hauptgrund, dass sämtliche Entdeckungsfahrer den Rückzug antreten.

Mar T

ebroso

ODYSSEUS

Nicht nur der Atlantik, auch das Mittelmeer ist voller Gefahren für die Schifffahrt. Das wusste schon der griechische Dichter Homer, der von Odysseus erzählt, dem berühmtesten Seefahrer des Altertums. Nach dem Sieg der Griechen über Troja verwickelt ihn der Meeresgott Poseidon auf der Heimfahrt in viele Abenteuer. Er übersteht sie mit Glück, List und der Hilfe weiterer Götter. Zehn Jahre dauert seine Irrfahrt kreuz und quer über das Mittelmeer, bei der er nach und nach seine zwölf Schiffe und seine gesamte Mannschaft verliert. Bei einem letzten Schiffbruch kann er sich schwimmend an Land retten und kehrt danach glücklich auf seine Heimatinsel Ithaka zurück.

Endlich jedoch, im Jahr 1434, traut sich jemand. Es ist Kapitän Gil Eanes aus der portugiesischen Hafenstadt Lagos. Von den Zweifeln und dem Gejammer seiner Mannschaft lässt er sich nicht aufhalten. »Wir schauen jetzt hinein in diesen angeblichen Abgrund«, verkündet er kühn. Und so segeln sie vorbei an den Kanarischen Inseln, halten Kurs auf die afrikanische Küste und umschiffen schließlich das gefürchtete Kap. Dahinter treffen sie tatsächlich nicht auf den vermuteten Höllenschlund. Der erweist sich als Hirngespinst der menschlichen Fantasie. Stattdessen gehen der Ozean, die Küste und die Welt ganz einfach weiter. Zum Beweis dafür bringen sie nicht nur ihre Erzählungen, sondern auch verschiedene Pflanzen aus Westafrika mit zurück in die Heimat.

Die Seereise über das Kap hinaus ist zwar nicht besonders lang, doch mit seiner Expedition widerlegt Gil Eanes eines der größten Vorurteile der mittelalterlichen Geografen und Theologen. Von nun an braucht man sich vor der Weiterfahrt nach Süden nicht mehr zu fürchten. Damit ist das Tor zu den Weltmeeren und zu anderen Kontinenten weit geöffnet. Portugals Erkundung der Seewege rund um Afrika und nach Indien kann beginnen. Und doch wird der wagemutige Kapitän Eanes nicht so berühmt wie andere europäische Seefahrer. Niemand weiß, was später aus ihm geworden oder wo und wann er gestorben ist.

Die Portugiesen halten ihre Entdeckung erst einmal geheim. Die Spanier oder Holländer dürfen auf keinen Fall davon erfahren, niemand soll ihnen auf der neuen Route in die Quere kommen. So können sie sich Zeit lassen mit der weiteren Erkundung der afrikanischen Westküste. Dafür brauchen wir ein Schiff, das wendiger ist, denkt sich Dom Henrique, und seine Konstrukteure entwickeln daraufhin die Karavelle. Sie ist ein stabiles, nur etwa 20 Meter langes Schiff. Mit seinen dreieckigen Lateinersegeln lässt es sich leichter manövrieren als alle bisherigen Schiffstypen. Es kann in besonders spitzem Winkel gegen den Wind ansegeln und erleichtert damit das Kreuzen im Zickzack-Kurs gegen die Windrichtung. Durch seinen geringen Tiefgang dringt es auch gefahrloser in unbekannte Gewässer vor. Das zweckmäßige Entdeckerschiff für die bevorstehenden Aufgaben ist damit geschaffen.

ATLANTIS

Viele haben nach Spuren der geheimnisvollen Insel Atlantis gesucht, immer vergeblich. Auch Gil Eanes und seine Nachfolger konnten sie nirgends entdecken. Erstmals erwähnt hat sie der griechische Philosoph Platon. Sie soll im Atlantischen Ozean westlich von Gibraltar gelegen haben. Das war ein Meer, auf das sich die griechischen und römischen Galeeren im Altertum nicht hinauswagten. Der Inselstaat soll einst einen Teil Europas und Afrikas beherrscht haben, doch schließlich bei einer Naturkatastrophe untergegangen sein. Dass er wirklich existiert hat, wird man vermutlich nie beweisen können.

Dennoch kommen die Erkundungen nur langsam voran. Erst zehn Jahre nach der wagemutigen Fahrt von Gil Eanes erreichen die Portugiesen die Kapverdischen Inseln. Auch 1460, im Todesjahr von Dom Henrique, haben seine Karavellen noch nicht einmal den Äquator überquert. Doch sie gewinnen wichtige nautische Erkenntnisse über Meeresströmungen und Windverhältnisse. Die werden bei späteren Expeditionen nützlich sein.

Großes Ziel ist das Auffinden eines Seeweges nach Indien und damit der direkte Zugang zu den Reichtümern des asiatischen Kontinents: Samt und Seide aus Persien, Zucker und Reis aus Bengalen, Perlen aus Ceylon, Jade aus Myanmar, Pfeffer aus Sumatra, Porzellan aus China, Sandelholz aus Timor und vor allem die begehrten Gewürznelken von den Molukken, den Gewürzinseln, wie sie genannt werden. Wer übers Meer nach Asien kommt, kann den Transport auf dem Landweg vermeiden. So will man die arabischen, türkischen und persischen Zwischenhändler ausschalten, die alle Waren aus dem Fernen Orient so sehr verteuern.

Zu dieser Zeit spielt ein kleiner Junge namens Fernão de Magalhães vermutlich im Sand – am Ufer des Küstenstädtchens Vila Nova de Gaia im Norden von Portugal. Von Seefahrt hat er noch nicht die geringste Ahnung. Und auch von den Gewürzinseln hat er noch nichts gehört. Aber vielleicht erfährt er damals schon von den mutigen portugiesischen Kapitänen und denkt sich: Eines Tages will ich genauso berühmt werden wie sie.

Ein Kolonialreich entsteht

Vorerst kennt noch niemand einen Seefahrer namens Magellan, dafür machen andere Kapitäne von sich reden. 1487 segelt Bartolomeu Dias an der Küste Afrikas immer weiter nach Süden und wird dort von einem Sturm weit abgetrieben. Als wieder Land in Sicht kommt, befindet es sich zur Überraschung der Mannschaft auf der anderen Seite des Schiffes – nicht mehr im Osten, sondern im Westen. »Wir müssen die Südspitze Afrikas umrundet haben«, verkündet Batolomeu Dias seinen Leuten begeistert. Denen ist das aber ziemlich egal, denn sie sind hungrig, krank und wollen nach Hause. Auf der Rückfahrt sichten sie dann tatsächlich die Landspitze, die eines Tages Kap der Guten Hoffnung genannt wird.

Ein Jahrzehnt später erhält Vasco da Gama, auch er ein Portugiese, von König Dom Manuel I. das Kommando über die nächste bedeutende Expedition. Mit vier Schiffen und guter Hoffnung startet er zur Südspitze Afrikas. Und diese Zuversicht wird nicht enttäuscht. Mehrfach landet er an der Ostküste des Kontinents im heutigen Mosambik und Tansania. Er sieht Länder, die Europäer bis dahin nur vom Hörensagen kannten. Dort trifft er auf arabische und indische Seefahrer, die ihm den Weg nach Indien weisen.

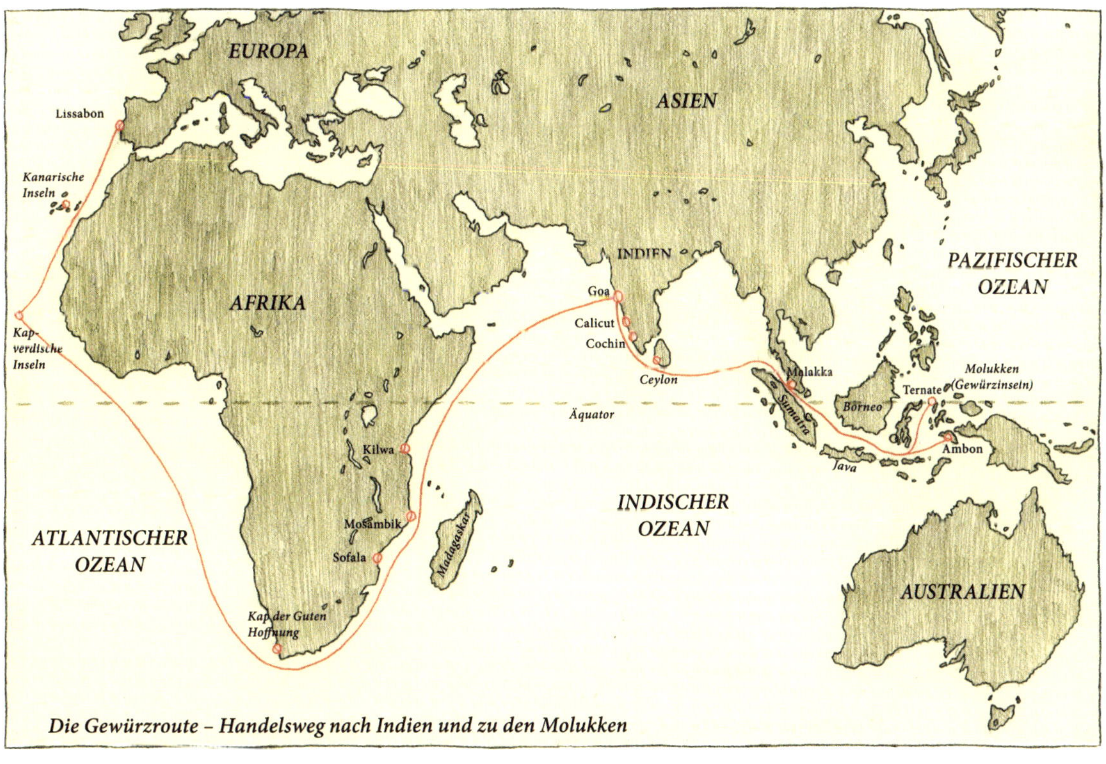

Die Gewürzroute – Handelsweg nach Indien und zu den Molukken

DIE ARGONAUTEN

Die Portugiesen sind nicht die Ersten, die auf dem Seeweg nach Schätzen suchen. Schon im Griechenland des Altertums, so berichtet die Legende, soll es eine berühmte Expedition gegeben haben. Auf dem sagenhaft schnellen Schiff *Argo* versammeln sich zahlreiche Krieger und Helden, um ans Ende der Welt zu kommen. Dort wollen sie das »Goldene Vlies« stehlen, das mit Goldstaub überzogene Fell eines Widders. Auf dem Hin- und Rückweg geraten die Argonauten immer wieder in gefährliche Situationen. Das Vlies jedoch können sie erbeuten und heil nach Hause bringen.

1498 erreicht Vasco da Gama bei Calicut, dem heutigen Kozhikode, das südliche Indien. Die Einheimischen sind darüber nicht gerade begeistert. Seit Jahrhunderten besteht in dieser Handelsmetropole ein blühender Austausch zwischen Arabien, Indien, China und der asiatischen Inselwelt. Die portugiesischen Neulinge sind dabei als Konkurrenten keineswegs willkommen. Dennoch finden Tauschgeschäfte statt, und Vasco da Gama kann mit einer Schiffsladung edler Gewürze in die Heimat zurückkehren. »Unsere lang gesuchte Gewürzroute nach Indien ist eröffnet«, kann er seinem König voller Stolz mitteilen.

Dieser beordert sogleich eine zweite Indien-Flotte mit 13 Schiffen hinterher. Das Kommando übergibt er Pedro Álvares Cabral, der mit seinem diplomatischen Geschick im Orient Handelsbeziehungen anknüpfen soll. Aber auch der erfahrene Kapitän Bartolomeu Dias ist dabei. Um die widrigen Strömungen und Winde an der afrikanischen Küste zu vermeiden, schlagen die Seeleute einen großen Bogen: über den Atlantischen Ozean Richtung Westen. Dort treffen sie im April des Jahres 1500 überraschend auf eine Küste, und zum ersten Mal werfen Europäer einen Blick auf Südamerika. Sie nehmen die Gegend sogleich für ihr Heimatland in Besitz. Es ist der Anfang der portugiesischen Herrschaft über einen großen Teil dieses Kontinents, das spätere Brasilien. Erst einmal jedoch segelt Cabral weiter Richtung Afrika und Indien, denn diese Weltgegenden erscheinen ihm wichtiger.

Die Portugiesen rüsten weitere Flotten aus, um den Handel im Orient unter ihre Kontrolle zu bringen. An den Küsten errichten sie Stützpunkte und Festungen. Afrikaner, Araber und Inder wehren sich gegen die Einmischung, doch die Europäer

sind ihnen mit ihren Schiffen und ihren Feuerwaffen überlegen. Neuerdings haben sie sogar Kanonen an Bord, die an den Breitseiten der Schiffe aufgestellt sind. Damit ist eine Seeschlacht leicht zu gewinnen, und auch die Hafenanlagen der Küstenstädte können bedroht werden. Die Portugiesen nutzen diesen militärischen Vorteil nach Kräften aus. Im indischen Goa errichten sie ihren größten Stützpunkt. Von dort aus machen sie Geschäfte mit Städten und Inseln an den Küsten des Indischen Ozeans. Wer dazu nicht bereit ist, wird überfallen und geplündert.

ZHENG HE

Die Portugiesen haben Glück, dass sich China in der zweiten Hälfte des 15. Jahrhunderts als Seemacht verabschiedet hat. Denn vorher, unter ihrem Admiral Zheng He, beherrscht eine gewaltige Flotte von Dschunken die asiatischen Meere. Seine erste bedeutende Reise unternimmt Zheng He 1405 nach Calicut. Er befehligt Zehntausende von Soldaten und Matrosen. Sie segeln auf mehr als 300 Schiffen, die bis zu neun Masten besitzen. Sechs weitere Erkundungen führen ihn bis nach Persien, Arabien und Ostafrika. Nach seinem Tod 1435 ziehen sich die Chinesen von der Seefahrt zurück, die Meere des Orients sind frei für die Neulinge aus Europa.

1511 erobern die Portugiesen schließlich Malakka, eine Küstenstadt auf der malaiischen Halbinsel, die heute Melaka heißt. Der Hafen ist das Zentrum des Warenumschlags zwischen China, Thailand, Indien und den Molukken, den Gewürzinseln. Ein Netz von Stützpunkten für ein riesiges Kolonialreich ist jetzt gelegt, und die Seefahrernation wird zur Weltmacht.

Immer mehr Schiffe erreichen daraufhin vollbeladen Lissabon. Für Ingwer, Zimt, Pfeffer, Gewürznelken und Muskatnüsse können auf den europäischen Märkten Gewinne von mehr als tausend Prozent erzielt werden. Schon seit vielen Jahren bringt auch der Handel mit Sklaven, die an den afrikanischen Küsten gefangen und dann weiterverkauft werden, viel Geld in die Staatskasse. Mit dem Menschenhandel beginnen die Portugiesen eines der grausamsten Kapitel der Menschheitsgeschichte. Daran beteiligen sich später auch andere Nationen wie Spanien, England und die Niederlande.

Als einfaches Besatzungsmitglied nimmt an den Eroberungen im Orient ein junger Adliger namens Fernão de Magalhães teil. Beim großen Geschäft mit den Gewürzen will ich in Zukunft eine wichtige Rolle spielen, sagt er sich. Dass sein Beitrag ganz anders aussehen wird als gedacht, kann er zu diesem Zeitpunkt nicht ahnen.

Kolumbus bringt Spanien ins Spiel

Cristoforo Colombo, ein Italiener aus Genua, mischt kräftig mit bei den Eroberungszügen der Portugiesen. Als geschulte Seefahrer stehen viele seiner Landsleute in den Diensten des Königshauses in Lissabon. Kolumbus weiß also genau, was im Atlantik vor sich geht. Er kennt die Suche der Portugiesen nach einem Seeweg um Afrika herum nach Indien. Doch ihm kommt ein völlig anderer Gedanke: Wenn die Erde eine Kugel ist, sagt er sich, dann muss Asien auch andersherum, also in Richtung Westen zu erreichen sein.

Diese Theorie ist nicht neu, doch Kolumbus vertritt sie mit so großer Überzeugung wie niemand sonst. Er trägt sie 1484 dem portugiesischen König vor und bittet um die Ausrüstung einer Flotte. Doch dieser lehnt den Vorschlag ab. Zusammen mit seinen Kapitänen will er sich weiter auf die Afrikaroute konzentrieren.

Kolumbus lässt nicht locker und versucht sein Glück jetzt im Nachbarland Spanien. Dort schaut man schon eine Weile misstrauisch auf die Eroberungen der Portugiesen. Doch Isabella I. von Kastilien und Fernando II. von Aragón, die das Land gemeinsam regieren, wollen erst einmal die Araber besiegen, die seit Jahrhunderten große Teile Spaniens besetzt halten. Als die Spanier 1492 in Granada die letzte entscheidende Schlacht gewinnen und endgültig die Herren im Land sind, können sie sich an neue Aufgaben heranwagen.

LEIF ERIKSSON

Isländische Sagen berichten von der Entdeckung eines unbekannten Landes im Westen von Grönland. Der Seefahrer Leif Eriksson soll dort um das Jahr 1000 n. Chr. verschiedene Gebiete erkundet haben – Helluland, Markland und Vinland genannt. Was dabei Sage und was Wirklichkeit ist, lässt sich nicht genau bestimmen. Weil Archäologen aber auf Neufundland die Überreste einer frühen skandinavischen Siedlung gefunden haben, gilt es als sicher, dass Eriksson dort gelandet ist. Die Wikinger haben also 500 Jahre vor Kolumbus weit im Norden den amerikanischen Kontinent erreicht. Sie haben ihn jedoch bald wieder verlassen.

Und da kommt ihnen Kolumbus gerade recht. Man ernennt ihn zum Admiral und stellt ihm drei Schiffe zur Verfügung: die *Santa María,* die *Pinta* und die *Niña*. Der Auftrag lautet: Entdeckung von Inseln und Land an der Ostküste Asiens – und zwar auf dem Seeweg über den Atlantik, ohne den Portugiesen in die Quere zu kommen.

Kolumbus segelt mit seiner Flotte Richtung Westen ins Ungewisse. Nach einem Monat auf See trifft er am 12. Oktober 1492 tatsächlich auf eine Insel im Bereich der heutigen Bahamas. Anschließend sichtet und betritt er noch öfter unbekanntes Land. Die *Santa María* erleidet Schiffbruch, und während der Rückfahrt werden *Pinta* und *Niña* auf See getrennt. Auf unterschiedlichen Routen jedoch erreichen sie am selben Tag kurz hintereinander ihren Heimathafen Palos de la Frontera. Hier und später am Königshof bereiten die Spanier Kolumbus einen begeisterten Empfang, denn alle denken, er habe den kurzen Seeweg nach Indien entdeckt.

Unter seiner Führung rüsten die Spanier drei weitere Expeditionen aus. Diese erreichen das heutige Kuba, Haiti, die mittelamerikanische Küste und Trinidad. Die Einheimischen dort werden meistens bekämpft, unterworfen, versklavt und manchmal auch zum christlichen Glauben bekehrt. Kolumbus selbst wird zum Vizekönig der eroberten Gebiete ernannt. Er bereichert sich aber so hemmungslos, dass ihm schließlich seine Macht wieder entzogen wird.

ABUBAKARI

Der Herrscher des mächtigen westafrikanischen Königreiches Mali hat um 1300 n. Chr. regiert. Er soll aber sein Reich verlassen haben, um auf dem Atlantik nach den Grenzen des Ozeans zu suchen. Einer arabischen Legende nach hat Abubakari zwei Jahrhunderte vor Kolumbus sogar Amerika erreicht und dort eine afrikanische Kultur begründet. Es ist eine fantastische Geschichte, die sich leider nicht beweisen lässt.

Die Spanier glauben nun, dass sie das Rennen zu den Gewürzinseln gewonnen haben. Auf der anderen Seite sind die Portugiesen aufgeschreckt. Wem soll all das neu gefundene Land gehören? Wer soll über die Gewürzinseln herrschen, wären sie erst einmal auf diesem neuen Seeweg erreicht? Wem gehört die Welt? Die Einheimischen oder die orientalischen Herrscher, denen das alles tatsächlich gehört, spielen bei diesen Überlegungen allerdings keine Rolle.

Stattdessen schließen die beiden Konkurrenten Portugal und Spanien im Jahr 1494 den historischen Vertrag von Tordesillas. Darin legen sie fest, dass alle Eroberungen westlich einer Linie, die etwa am 46. Längengrad durch den Atlantik verläuft, den Spaniern gehören sollen. Östlich davon, und das heißt erst einmal in Afrika und Indien, dürfen die Portugiesen ihre Herrschaft ausdehnen. Die beiden Nationen teilen also ganz frech die Beute von zukünftigen Gebieten unter sich auf, deren Größe und Zustand sie überhaupt noch nicht richtig kennen.

Und doch wird dieser Vertrag jahrhundertelang Auswirkungen auf die Ausdehnung der portugiesischen und spanischen Kolonialreiche in Afrika, Asien und Amerika haben. Die einen streben von nun an weiter nach Westen, die anderen nach Osten. In stürmischer Geschäftigkeit erkunden sie Meere und Küsten, einzelne Inseln und ganze Archipele, die noch kein Europäer vorher betreten hat.

Aber weil die Erde eine Kugel ist, kann man die vertragliche Linie von Tordesillas auf der anderen Seite des Globus verlängern. Dort müsste dann ebenfalls die Grenze zwischen den beiden Herrschaftsbereichen verlaufen. Wo sich jedoch dieser sogenannte Antimeridian genau befindet, davon hat man beim Abschluss des Vertrages keine Ahnung. Unklar ist auch, welche Landmassen, Inseln und Meere dazwischen liegen. Und niemand weiß, auf welcher Seite der Grenzlinie die begehrten Gewürzinseln liegen. Gehören sie den Spaniern oder den Portugiesen? Die Beantwortung all dieser Fragen wird eines Tages zu den wichtigsten Aufgaben von Ferdinand Magellan gehören.

Indien oder Amerika?

Bis zu seinem Tod 1506 ist Kolumbus der Meinung, einen Seeweg nach Indien gefunden zu haben. Die vorgelagerten Inseln heißen bis heute Westindische Inseln oder auf Spanisch »Las Indias«. Amerigo Vespucci, einem italienischen Kaufmann und Seefahrer aus Florenz, kommt eine andere Idee. Auf mehreren Reisen mit spanischen und portugiesischen Schiffen erkundet er um 1500 die Küsten im heutigen Venezuela und in Brasilien. Dort findet er Menschen, Tiere und Pflanzen vor, die so ganz anders sind als vieles, was man bisher aus Asien kennt. Er hält es deshalb für unwahrscheinlich, dass dieses neu gefundene Land ein Teil von Indien oder China sein soll. Könnte es vielleicht sogar ein eigener Kontinent sein?, fragt er sich und spricht daraufhin von »Mundus Novus«, von einer Neuen Welt.

Der Mann hat Recht, sagt sich daraufhin im fernen Europa der deutsche Gelehrte Martin Waldseemüller. Er arbeitet in Freiburg und in Lothringen als Professor und Kartograf. Zwar ist er nie zur See gefahren und schon gar nicht in die Neue Welt gekommen, doch im Jahr 1507 zeichnet er eine große Weltkarte. Sie wird Berühmtheit erlangen, weil er darin als Erster eine bis dahin unbekannte Landmasse einfügt. Zu Ehren von Amerigo Vespucci nennt er sie »America«. Der Name des Kontinents ist geboren, andere Geografen benutzen ihn ebenfalls, und seither hat er sich erhalten.

INDIANER?

Kolumbus vermutet, auf einer Inselgruppe im Osten von Indien angekommen zu sein. Also hält er die dortigen Menschen für Verwandte der Inder. So hat sich bis heute in vielen Sprachen eine vollkommen falsche Namensbezeichnung für die amerikanischen Ureinwohner erhalten: »Indios« auf Portugiesisch und Spanisch, »Indians« auf Englisch und »Indianer« auf Deutsch.

Die endgültige Bestätigung seiner Theorie kann Vespucci nicht mehr erleben, denn er stirbt im Jahr 1512. Erst ein Jahr später marschiert der spanische Abenteurer Vasco Nuñez de Balboa mit einem Trupp Soldaten von der Karibikküste aus nach Westen. Sie suchen ein sagenhaftes Gewässer, von dem ihnen die Einheimischen erzählt haben. Dort soll es Gold und Perlen im Überfluss geben. Balboa und seine Leute hoffen auf großen Reichtum. Dazu müssen sich die Spanier aber erst einmal durch den dichten Urwald von Darién im heutigen Panama kämpfen. Sie überstehen sintflutartige Regenfälle und überqueren reißende Bäche mit selbst gebauten Brücken aus Baumstämmen.

Viel Reichtum erbeuten sie nicht. Aber am Morgen des 25. September 1513 erkennen sie von einer Bergkuppe aus tatsächlich das versprochene Meer. Balboa ist der erste Europäer, der den großen Ozean von Amerika aus erblickt. »Land in Sicht!«, ist der erlösende Ausruf von Kolumbus gewesen. »Meer in Sicht!«, jubelt Balboa. Weil die amerikanische Küste hier ausnahmsweise einmal nicht von Nord nach Süd, sondern in Ost-West-Richtung verläuft, glaubt der Spanier an ein südliches Meer. Er nennt es »Mar del Sur«. Aber tatsächlich ist es der Pazifische Ozean, den er in diesem Moment vor sich hat.

Sieben Jahre später wird Magellan diesem größten aller Weltmeere den Namen

»Mar Pacífico«, Stiller Ozean, verleihen. Aber er wird sehr bald feststellen, dass dieser Name genauso wenig zutrifft wie die Bezeichnung von Balboa. Der Ozean ist alles andere als still, und er liegt nicht nur im Süden. Und doch hat sich Magellans Namensgebung bis heute erhalten.

WER ENTDECKT HIER WEN?

Viele sprechen noch immer von der »Entdeckung Amerikas« durch Kolumbus. Doch das ist nicht richtig, ist der Kontinent doch längst von anderen Menschen entdeckt. Sie wandern vom Ende der letzten Eiszeit an aus Sibirien über Alaska ein und besiedeln das Land. Man könnte die Sache also auch andersherum betrachten: Nach der Ankunft von Kolumbus entdecken die amerikanischen Ureinwohner die Europäer.

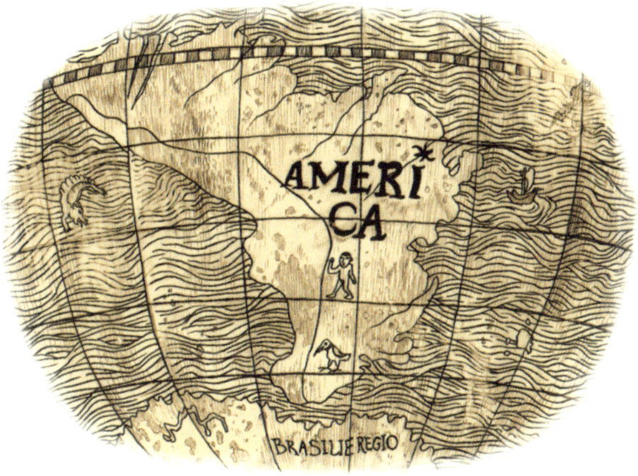

Während Balboa durch den amerikanischen Regenwald stapft, arbeitet im fernen Europa der Nürnberger Geograf Johannes Schöner an der Herstellung eines Globus. Als Vorbild benutzt er die Weltkarte von Martin Waldseemüller, aber von der Entdeckung Balboas hat er keine Ahnung. Dennoch ist auch auf seiner Weltkugel, die er im Jahr 1515 fertigstellt, Amerika als Kontinent eingetragen. Außerdem erkennt man ein großes Meer, das dahinter liegt. Und noch erstaunlicher: Im Süden des Kontinents zeichnet er eine schmale Meerespassage ein, die den Atlantik mit dem unbekannten Ozean verbindet. Johannes Schöners Fantasie hat also schon vorweggenommen, was Magellan fünf Jahre später in der Wirklichkeit erst noch entdecken muss. Der aber ist vorerst noch in ganz anderer Mission unterwegs.

Ein Ritter wird Kapitän

Angesteckt vom Gewürzfieber

Was soll aus mir werden?, fragt sich der junge Fernão de Magalhães in seinem Dorf in der Nähe der portugiesischen Hafenstadt Porto. Er ist jetzt etwas älter als zwanzig, sein Geburtsjahr und erst recht sein genaues Geburtsdatum sind unbekannt. Als Sohn eines verarmten Adligen besitzt er nicht viele Möglichkeiten. Zwar hat er wie üblich eine Ausbildung zum Ritter erhalten, hat das Reiten und Fechten gelernt, dazu ein wenig Lesen, Schreiben und Rechnen. Jetzt könnte er sich als Page bei einem herzoglichen oder sogar königlichen Hof bewerben. Doch dort braucht man inzwischen kaum noch Nachwuchs für die Ritterschaft. Die Kriege der Christen gegen die Muslime sind in Portugal und Spanien beendet, die Mauren sind aus Europa verdrängt, Granada als letzte arabische Bastion ist gefallen. Und die Erfindung moderner Feuerwaffen und Kanonen macht den Kampf mit Lanze und Schwert immer häufiger überflüssig.

Nun sind es neue Helden, von denen man überall in Portugal spricht: die Seefahrer mit ihren Abenteuern und mutigen Fahrten. Davon hört natürlich auch der junge Magellan. Vielleicht kann ich meine ritterliche Ausbildung auch auf einem Schiff gebrauchen, denkt er. Und deshalb versucht er sein Glück im Hafen von Lissabon. Dort werden immer wieder »Armadas« zusammengestellt: Das sind Flotten aus zehn, zwanzig oder mehr Schiffen, die gemeinsam nach Afrika und Asien segeln. Im Fernen Orient sollen sie die portugiesische Macht ausdehnen. Sie errichten Stützpunkte und treten von dort mit wertvollen Gewürzen an Bord den Heimweg an.

Magellan weiß, dass dies ein großes Geschäft ist. Er sieht, zu welch hohen Preisen Pfeffer, Zimt, Muskatnuss und Nelken auf den Märkten seines Heimatlandes verkauft werden. Keine Handelsware ist jetzt wertvoller als dieses »Gold des Orients«. Weil jeder Teilnehmer der Expeditionen einen Anteil am Gewinn bekommt, steht für Magellan bald fest: Da mache ich mit!

LA ARMADA

Dieser spanische und portugiesische Begriff bedeutet »die Bewaffnete«. Er bezeichnet die Seestreitkräfte und Kriegsflotten in den hispanischen Ländern. Weil auch die Schiffe der Entdeckungsfahrten mit Kanonen ausgerüstet sind, gilt für sie ebenfalls dieser Name. Die berühmteste Armada der Geschichte ist die spanische Flotte, die 1588 mit mehr als hundert Schiffen ausläuft, um England zu erobern. Auf dem Weg dorthin wird sie jedoch von der britischen Marine im Ärmelkanal vernichtend geschlagen.

Im März 1505 geht es dann tatsächlich los: Magellan steht an Bord einer Karavelle und verabschiedet sich von Portugal. Acht Jahre lang wird er fern der Heimat in einer fremden, exotischen Welt verbringen. Er wird unter Menschen leben, die andere Sprachen sprechen und andere Sitten, Gebräuche und Religionen haben. Er wird sich an die tropische Hitze gewöhnen und unbekannte Speisen essen. Manchmal wird er Hunger leiden und von Krankheiten geplagt sein.

Weil die Begegnungen mit den Einheimischen nicht immer friedlich verlaufen, kommt Magellan seine ritterliche Kampferfahrung tatsächlich zugute. Er nimmt an zahlreichen Seeschlachten und Kämpfen teil, mit denen die Portugiesen Schritt für

Schritt den Orient erobern. Er ist dabei, als eine kleine Armada erstmals von Indien aus den Golf von Bengalen überquert, um in der orientalischen Handelsmetropole Malakka Gewürze zu kaufen. Auch bei der späteren Eroberung der Stadt im Jahr 1511 kämpft er mit an vorderster Front. »Fernão ist mutig«, sagen seine Vorgesetzten, »aber manchmal auch etwas zu eigensinnig und ungestüm.«

Ganz nebenbei wird Magellan während dieser Seereisen natürlich mit dem Leben auf einem Schiff vertraut. Er erfährt die Entbehrungen der Matrosen, wenn sie wochenlang auf See sind, ohne frische Nahrung oder sauberes Trinkwasser. Er beobachtet, wie die Kapitäne mit ihren Mannschaften umgehen. Er lernt, wie Segel gesetzt und eingeholt werden und wie man bei Stürmen und Windstille ein Schiff manövriert. Er studiert den Sternenhimmel, die Grundlagen der Navigation und den Umgang mit dem jahreszeitlichen Wechsel der Monsunwinde. Hinzu kommt ein gründliches geografisches Wissen, denn die indischen Küsten und die Inselwelt Südasiens sieht er jetzt mit eigenen Augen. Aus dem jungen Ritter ist also ein erfahrener Seemann geworden. Eigentlich könnte ich jetzt schon selbst ein Schiff führen, glaubt er.

Dieser frischgebackene Seemann ist längst angesteckt vom großen Fieber seiner Zeitgenossen: der Jagd nach den Gewürzen. In aller Munde sind vor allem zwei Inselgruppen, die zwischen den Philippinen und Neuguinea liegen.

MONSUN

Im Zeitalter der Segelschiffe haben die Winde auf den Weltmeeren eine große Bedeutung für das Vorankommen. Im Indischen Ozean sind es vor allem die Monsunwinde, die von den Seefahrern genutzt werden. Je nach Jahreszeit wehen sie aus verschiedenen Richtungen. Weil sie regelmäßig und vorhersehbar auftreten, können erfahrene Kapitäne ihre Routen entsprechend planen und mit hoher Geschwindigkeit segeln.

Auf den winzigen Banda-Inseln wachsen die begehrten Muskatnüsse. Etwas weiter nördlich, auf den Molukken, finden sich die vier Nelken-Eilande. Es sind die einzigen Orte auf der Welt, wo in dieser Zeit Gewürznelken gedeihen. Kein Europäer hat die Inseln jemals gesehen oder betreten. Wenn ich dort hinkäme, denkt sich Magellan, könnte ich direkt an diese wertvollen Waren kommen. Anschließend würde ich sie ohne Zwischenhändler mit riesigem Gewinn in Lissabon verkaufen.

Eine kleine portugiesische Armada von drei Schiffen segelt 1511 von Malakka aus tatsächlich Richtung Gewürzinseln. Sie erreicht die Banda-Inseln, muss aber anschließend wegen schlechten Wetters zurückkehren. Die Molukken bleiben weiterhin unbekanntes Territorium. Magellan ist bei dieser Expedition zwar nicht dabei, dafür aber kommandiert sein Freund Francisco Serrão eines der drei Schiffe. Bei einem Sturm kommt er vom gemeinsamen Kurs ab und bleibt lange Zeit verschollen.

Nach einem Schiffbruch erreicht Serrão

zusammen mit einigen Gefährten durch Zufall und auf abenteuerlichen Wegen die sagenhaften Molukken. Mit ihrem üppigen Regenwald, den Sandstränden und Kokospalmen, mit dem Duft der Gewürznelken und den freundlich gesinnten Menschen erscheinen sie ihnen wie das Paradies. Auf der Insel Ternate freundet sich Serrão mit dem einheimischen Herrscher an. Er kann ihn überzeugen, mit den Portugiesen zusammenzuarbeiten. Magellan erfährt von alldem vorerst nichts. Doch wird das Schicksal seines Freundes noch einen großen Einfluss auf sein weiteres Leben haben.

Abschied von Portugal

Im Jahr 1513 kehrt Magellan in seine Heimat zurück. Acht Jahre auf See, acht Jahre Entbehrungen und Kämpfe – aber viel verdient habe ich dabei nicht, hadert er. Mit dem kleinen Kapital, das beim Verkauf seines Gewürzanteils übrig bleibt, versucht er sich als Kaufmann, doch ohne rechten Erfolg. Eine Zeit lang dient er dem König wieder als Ritter in einem Krieg in Nordafrika. Aber in Portugal fühlt er sich nicht mehr richtig heimisch. Stattdessen spuken in seinem Kopf immerzu die Gewürzinseln herum.

Da erreicht ihn eines Tages ein Brief seines verschollenen Freundes Francisco Serrão. Portugiesische Schiffe haben inzwischen mehrfach die Molukken angelaufen und bringen die Post nach Lissabon. Serrão schwärmt vom Leben und den Geschäftsmöglichkeiten auf den Gewürzinseln. Er lädt Magellan ein, sich ebenfalls dort niederzulassen. Der täte nichts lieber, doch der Weg scheint ihm versperrt. Wegen Streitereien um seine Gewinne aus dem Gewürzhandel hat er Ärger mit dem portugiesischen König. Auf dessen Schiffen kann er nun nicht mehr anheuern. Kolumbus wollten sie hier ja auch nicht, denkt er, und der ist dann einfach nach Spanien gegangen. Warum mache ich das nicht genauso?

Kolumbus hat den direkten Weg zu den Gewürzinseln gesucht, ist dabei aber gescheitert. Inzwischen ist klar, warum: Eine große Landmasse, genauer: ein ganzer Kontinent blockiert die Zufahrt in den Orient. Aber Magellan hört von Landkarten, die im Süden des Kontinents eine Durchfahrt aufzeigen. In den Archiven der Casa da Índia in Lissabon sieht er so eine Karte vielleicht sogar selber. Es könnten die Weltkarte von Waldseemüller, der Globus von Schöner oder Kopien davon gewesen sein.

CASA DA ÍNDIA
Diese königliche Behörde in Lissabon kontrolliert sämtliche Aktivitäten, die mit der portugiesischen Seefahrt und dem Indienhandel zusammenhängen: Ausrüstung der Flotten, Vergabe von Handelslizenzen, Verwaltung der Stützpunkte in Übersee, Abrechnung und Verzollung der eingeführten Waren. Außerdem lagern in ihren Archiven geheime Seekarten, nautische Dokumente und Reiseberichte der Kapitäne. Zwar ist eine Weitergabe bei Strafe verboten, doch manch vertrauliche Information dringt dennoch nach außen. Davon profitieren später auch Magellan und die Steuerleute auf seinen Schiffen.

Die Portugiesen zeigen kein Interesse an dieser möglichen, aber doch sehr unwahrscheinlichen Passage. Sie können ja die Route um Afrika nehmen, das reicht ihnen erst einmal. Ganz anders denken die Spanier. Vicente Pinzón, der als Kapitän der *Niña* schon bei der ersten Reise von Kolumbus dabei war, segelt 1516 an der brasilianischen Küste entlang nach Süden. Dort scheint er zumindest die Einfahrt in den Seeweg durch den Kontinent gefunden zu haben. Es zeigt sich zwar bald, dass dies nur die Mündung eines Flusses ist, des Río de la Plata. Doch die Idee einer Fahrt in westlicher Richtung zu den Gewürzinseln gewinnt in Spanien immer mehr Anhänger.

Kein Wunder, dass Magellan mit seinen geografischen und nautischen Kenntnissen dort willkommen ist. 1517 bewirbt er sich als Kapitän für eine Expedition zur Südspitze Amerikas. Wie Kolumbus wechselt er die Seite, geht von Portugal zum Konkurrenten Spanien. Aus Fernão de Magalhães wird Fernando de Magallanes. Er heiratet Beatris, die Tochter des portugiesischen Händlers Diogo Barbosa, der schon lange in Sevilla lebt. Barbosa macht dort gute Geschäfte und besitzt großen Einfluss. Durch ihn erhält Magellan Kontakt zu wichtigen Kaufleuten und hohen Beamten des Königreichs. Sie besorgen ihm eine Audienz beim spanischen König Carlos I.

noviter delineatā
EAST
LOCEANO
OCCIDEN
TALE
infule
Mar
gueritanū
CVBA

SEVILLA

Zu Beginn des 16. Jahrhunderts verwandelt sich Sevilla in die bedeutendste Stadt Spaniens, und die Mündung des Río Guadalquivir wird zu einer der wichtigsten Schiffspassagen auf dem Globus. Flussabwärts machen sich Seeleute, Mönche, Bauern und Händler auf den Weg, um einen ganzen Kontinent zu erobern, auszubeuten und zu besiedeln. Flussaufwärts schaffen die Schiffe jahrhundertelang Gold, Silber, Gewürze und Luxusgüter aus Amerika und dem Orient heran.

Fünf Schiffe für eine tollkühne Idee

Carlos I. hat gerade erst den Thron bestiegen und residiert in der kastilischen Stadt Valladolid. Dorthin macht sich Magellan im Winter des Jahres 1518 zuversichtlich auf den Weg. Mit meinen Kenntnissen der Navigation und des Orients werde ich den jungen König schon von meinem Plan überzeugen, ist er sich sicher. Gespräche mit anderen Seefahrern und das Studium zahlreicher See- und Landkarten haben ihn davon überzeugt, dass es im südlichen Atlantik eine Meerespassage zum Pazifik hin geben muss. Auf dieser Route könnte man die Gewürzinseln von Ost nach West erreichen und sie für den spanischen König erobern, bevor die Portugiesen sie aus der entgegengesetzten Richtung über den Indischen Ozean besetzen. Außerdem hat er den Brief seines Freundes Francisco Serrão von den Molukken im Gepäck, dazu eine Weltkarte, die den erhofften westlichen Seeweg in den Orient zeigt. Es ist eine tollkühne Idee. Doch in dieser Zeit der Entdeckungs- und Eroberungsfahrten wurden eben auch verrückte Pläne Wirklichkeit.

Der König und seine Berater nämlich wollen jenen Teil der Welt weiter erkunden, der ihnen nach dem Vertrag von Tordesillas zusteht. Und vielleicht lässt sich ja beweisen, dass die Gewürzinseln gar nicht in dem Teil der Welt liegen, den die Portugiesen beanspruchen. Vielleicht befinden sie sich im spanischen Hoheitsgebiet! Es braucht also nicht viel Überzeugungskraft, um den jungen König für Magellans Plan zu gewinnen. Er ist rasch bereit, eine Expedition auszurüsten, die nach der erhofften Durchfahrt sucht und dann die Gewürzinseln von Westen her erreicht. Von Weltumseglung ist zu diesem Zeitpunkt nicht die Rede.

CARLOS I. / KARL V.

1516 tritt Carlos I. im Alter von nur 16 Jahren seine Herrschaft als spanischer König an. Er ist also erst 19, als er Magellans Armada auf Weltreise schickt. Von der Expedition und den mitgebrachten Reichtümern verspricht er sich eine Stärkung seiner Macht. Als Enkel von Kaiser Maximilian I. hat er nach dessen Tod auch den Anspruch auf den deutsch-römischen Königs- und Kaiserthron geerbt. 1520 wird er im Aachener Dom zum König Karl V. gekrönt, zehn Jahre später zum Kaiser des Heiligen Römischen Reiches. Während seiner Regierungszeit entsteht das riesige spanische Imperium, von dem er sagen kann: »In meinem Reich geht die Sonne nie unter.«

Also wird ein Vertrag aufgesetzt, den auch einige Kaufleute unterschreiben. Sie übernehmen einen großen Teil der Kosten, um dafür am Gewinn beteiligt zu sein. Auch Magellan soll einen Anteil erhalten und zum königlichen Statthalter über einige der entdeckten Gebiete befördert werden. Erst einmal aber wird er zum *Capitán general* ernannt, Generalkapitän einer Armada von fünf Schiffen mit mehr als 200 Seeleuten. Bevor es jedoch losgehen kann, muss er Schiffe besorgen und eine Besatzung zusammenstellen. Außerdem braucht er Proviant für eine monatelange, vielleicht jahrelange Seereise. Dazu benötigt er Waffen und Kanonen und außerdem genügend Waren, um sie auf den Inseln gegen Gewürze einzutauschen.

Im spanischen Atlantikhafen Cádiz findet Magellan die Schiffe: die *San Antonio,*

sein Flaggschiff *Trinidad,* die *Concepción* und die *Victoria.* Es sind Naos, ein neu entwickelter Schiffstyp, der größer als die Karavelle und mit drei Masten bestückt ist. Die beiden vorderen Masten tragen viereckige Rahsegel für Rückenwind, der hintere hat Lateinersegel für Gegenwind. An Bug und Heck sorgen ein- oder zweistöckige Aufbauten für zusätzliche Kabinen und Stauraum. Mit einer Länge von ungefähr 25 Metern und einer Breite von sechs Metern sind Naos die größten und robustesten Schiffe der Zeit. Magellans fünftes Schiff, die *Santiago,* ähnelt noch eher einer Karavelle. Sie soll zur Erkundung von Buchten und Flussmündungen dienen. Allerdings sind alle Schiffe schon oft übers Meer gesegelt und in einem erbärmlichen Zustand.

Magellan lässt sie nach Sevilla schaffen und dort gründlich reparieren. Der Rumpf muss wasserdicht gemacht werden. Masten und Ruder müssen verstärkt, Segel, Pumpen und Anker ersetzt, Kanonen eingebaut werden. Als diese Arbeiten im Frühjahr 1519 erledigt sind, lässt Magellan die Schiffe beladen. Proviant für zwei Jahre lagert in Holzfässern, ledernen Schläuchen und Leinensäcken. Trinkwasser, Wein, Zwieback, Käse, Bohnen, Linsen, getrockneter und eingelegter Fisch, Speck, Olivenöl, Zucker, Trockenfrüchte und Zwiebeln gehören zur Grundausstattung. Dazu kommen lebende Schweine und Kühe und eine Kräutersammlung für die Bordapotheke. Und ein ganzes Arsenal an Waffen. Nicht vergessen werden auch Hunderte von Werkzeugen und all die Dinge, die unterwegs von Matrosen, Köchen und Zimmerleuten gebraucht werden.

SKORBUT

Durch den Mangel an Vitamin C entsteht diese Geißel der Seefahrer, wenn sie monatelang auf dem Meer unterwegs sind und keine frischen Lebensmittel bekommen. Durchfall, Entzündungen, Fieber und Zahnausfall sind die Folgen. Im Zeitalter der portugiesischen und spanischen Entdeckungsfahrten ist Skorbut eine ständige Bedrohung. Ganze Schiffsmannschaften werden davon befallen, viele Seeleute sterben. Dass Zitrusfrüchte und Sauerkraut dagegen helfen, weiß man damals noch nicht.

Magellan, knapp vierzig Jahre alt, ist nun Kommandant der *Armada de Especiería* – der Gewürz-Armada. Doch der König ernennt außerdem die Kapitäne der Schiffe und mehrere Beamte, die als Schatzmeister und Aufseher arbeiten sollen. Sie haben die Kontrolle über das Geld, den Gewürzeinkauf und die Tauschgeschäfte. Natürlich wollen sie bei allem mitreden, auch bei der Zusammenstellung der Mannschaft. Die Suche nach geeigneten Matrosen allerdings erweist sich als schwierig, denn die erfahrenen Männer sind mit den spanischen und portugiesischen Flotten längst auf See. Trotz der angebotenen Gewinnbeteiligung beim Gewürzhandel finden sich in Sevilla nicht genügend Leute für diese gefährliche Expedition.

Erst die Suche in anderen Hafenstädten bringt die nötige Mannschaft zusammen. Darunter befinden sich auch Jugendliche und sogar ein Kind von sieben Jahren. Es ist ein bunter Haufen aus aller Herren Länder: neben Spaniern auch Franzosen, Italiener, Griechen, Iren, Araber, Afrikaner und drei Deutsche. Die restlichen Lücken füllt Magellan mit Portugiesen, darunter einige Freunde und Verwandte. Außerdem begleitet ihn sein malaiischer Sklave, den er vor Jahren als Diener aus dem Orient mitgebracht hat. Der soll sich auf den Gewürzinseln als Dolmetscher nützlich machen, denn auch dort wird Malaiisch gesprochen.

Schließlich wirbt er aus Lissabon einige Experten in Geografie, Kartografie und Navigation ab. Sie kennen sich bestens aus mit der aktuellen Lage im Fernen Osten und mit den neuesten Seekarten des Indischen Ozeans. Das wird während der Rei-

se allerdings zum Problem, denn die spanischen Kapitäne misstrauen von Anfang an ihrem portugiesischen Kommandanten und dessen zahlreichen Landsleuten.

Die Mehrzahl der Seeleute kann weder lesen noch schreiben. Eine der Ausnahmen ist ein Grieche, der als Bootsmann auf Magellans Flaggschiff anheuert und viel von Navigation versteht. In Spanien nennt er sich Francisco Albo, und während der gesamten Seefahrt wird er das Logbuch führen. Darin notiert er die geografischen Daten, die Kurse und wichtige Begebenheiten an Bord. Viel ausführlicher erzählt nach der Heimkehr der Italiener Antonio Pigafetta von den Abenteuern, Zwischenfällen und Entdeckungen während der Reise. Er hatte während der Fahrt Tagebuch geführt. Die Berichte dieser beiden Teilnehmer sorgen dafür, dass die Nachwelt ziemlich genau über die Ereignisse während der jahrelangen Fahrt informiert wird.

In Portugal werden die Anstrengungen der Spanier argwöhnisch beobachtet. Dass ausgerechnet ein Portugiese die Expedition anführt, ist dort gar nicht gern gesehen. Magellan gilt als Verräter. Vergeblich versuchen Gesandte des portugiesischen Königs Dom Manuel I., ihn mit Drohungen und Versprechungen von seinem Vorhaben abzubringen. »Jetzt habe ich einen Vertrag mit dem spanischen König, und den werde ich erfüllen«, antwortet er ihnen. Man munkelt sogar von Plänen, Magellan zu ermorden. Bei den Vorbereitungen seiner Reise bewegt er sich deshalb nur mit äußerster Vorsicht.

Immer weiter nach Süden

Kurs auf Brasilien!

»Sind alle 239 Männer an Bord?«, fragt Magellan seine Kapitäne. Sie bestätigen die Vollständigkeit ihrer Mannschaft, und so kann das große Abenteuer beginnen. Am 20. September 1519 verlässt die Armada den Hafen von Sanlúcar de Barrameda an der Mündung des Río Guadalquivir. Während das spanische Festland am Horizont verschwindet, setzen die Matrosen zum ersten Mal die Segel. Niemand von ihnen ahnt, wie oft sie diese Arbeit in den nächsten Monaten verrichten werden. Die Steuerleute wiederum müssen darauf achten, dass die fünf Schiffe ständig in Sichtweite voneinander bleiben. Auf dem weiten Ozean dürfen sie sich nicht verlieren. Tagsüber ist das bei guter Sicht kein Problem, bei Nacht werden am Heck Laternen angebracht.

Magellans wichtigste Aufgabe ist die Bestimmung der Reiseroute. Sie soll über die Kanarischen Inseln in den Südatlantik und nach Brasilien führen. Auf Teneriffa machen sie einen kurzen Zwischenstopp, um frisches Wasser und weiteren Proviant in die Schiffsbäuche zu laden. Dann verlassen sie den letzten spanischen Hafen, den letzten Ankerplatz der bekannten Welt. Jetzt können die Naos erst einmal den Passatwind nutzen, der sie auf direktem Weg bis nach Brasilien bringen kann. Man sieht der Fahrt mit Zuversicht entgegen: Der Kurs ist bekannt, schon eine ganze Reihe von Seefahrern ist ihn inzwischen gesegelt.

PASSATWIND

Die zuverlässigste Antriebskraft für Segelschiffe auf dem Atlantischen Ozean ist der Passatwind. Auf der Nordhalbkugel weht er von Nordosten nach Südwesten, auf der Südhalbkugel von Südosten nach Nordwesten. Schon Kolumbus hat diesen Rückenwind Richtung Amerika ausgenutzt. Bis heute bringt er Segelschiffe zuverlässig von Europa direkt Richtung Karibik.

Doch schon nach wenigen Tagen gibt es Ärger. Magellan fährt auf seinem Flaggschiff *Trinidad* voraus, und auf einmal ändert er den vorher angekündigten Kurs. Plötzlich geht es nicht mehr Richtung Amerika, sondern geradewegs nach Süden, an der afrikanischen Küste entlang. Die anderen Kapitäne protestieren, doch Magellan bleibt stur. »In Küstennähe können wir uns leichter wiederfinden, falls wir uns verlieren sollten«, erklärt er, »erst so spät wie möglich segeln wir auf hoher See über den Atlantik.«

Doch auch ein erfahrener Seebär wie Magellan macht Fehler. Statt von den Passatwinden ans Ziel getragen zu werden, steuern die Schiffe in der Nähe des Äquators in eine schreckliche Flaute. Wochenlang stecken sie in dieser Windstille fest. Die Mannschaft leidet unter der Hitze, und die Kapitäne sind empört. Sie wollen in Zukunft mitbestimmen. »Ich bin der Generalkapitän, und ich entscheide!«, hält

Magellan ihnen entgegen. Als der Kapitän der *San Antonio* das nicht einsehen will, setzt Magellan ihn ab. Die anderen fügen sich, aber die Stimmung an Bord bleibt schlecht.

KALMEN

Eine extreme Flaute, wie sie Magellans Armada rund um den Äquator antrifft, ist kein Zufall. Dort begegnen sich die Luftmassen der Passatwinde von Norden und Süden, erwärmen sich und steigen in die Höhe. So entsteht auf dem Meer der windstille Kalmengürtel, benannt nach dem englischen Wort »calm« = ruhig. Magellan hat noch Glück, denn andere Segelschiffe bleiben manchmal sogar monatelang darin gefangen.

Irgendwann kommt dann doch wieder Wind auf, und die Fahrt nach Brasilien kann endlich weitergehen. Magellan lässt seine Schiffe jetzt Richtung Westen segeln. »Land in Sicht«, ruft der Ausguck, als Anfang Dezember 1519 zum ersten Mal der südamerikanische Kontinent auftaucht. Eine Woche später erreichen sie eine große Bucht, in der heute die Stadt Rio de Janeiro liegt. Damals ist das Ufer von dichtem, tropischem Regenwald bewachsen. Die Einheimischen sind freundlich gesinnt und zu Tauschgeschäften bereit. So versorgt sich die Armada mit frischem Wasser, Brennholz und Lebensmitteln. Die Mannschaft kann sich von den Strapazen der Seereise erholen. Einige Matrosen würden sogar am liebsten in dieser bezaubernden Gegend zurückbleiben. Doch die Kapitäne passen auf, dass keiner von ihnen heimlich verschwindet.

Maritime Sackgassen

Magellan drängt zum Aufbruch, und bald segelt die Flotte weiter Richtung Süden. »Haltet nach unbekannten Schiffen und Siedlungen Ausschau«, schärft der Generalkapitän seinen Leuten ein. Denn nach dem Vertrag von Tordesillas ist ein großer Teil der brasilianischen Küste eigentlich portugiesisches Gebiet, eine spanische Armada hat dort nichts zu suchen. Aber die Portugiesen haben sich im Jahr 1519 in Südamerika noch nicht dauerhaft niedergelassen. So kann Magellan mit seinen Naos ungehindert ankern, mit den Einheimischen Geschäfte machen und anschließend ohne Zwischenfälle weitersegeln.

BRASILIEN

Mit dem Vertrag von Tordesillas fällt 1494 ein großer Teil der südamerikanischen Ostküste in den Herrschaftsbereich der Portugiesen. Später dehnen sie ihre Macht bis weit ins Hinterland von Amazonien aus. Sie gründen eine riesige Kolonie, die drei Jahrhunderte besteht. Erst 1822 wird Brasilien als Staat unabhängig. Die Beziehungen zu Portugal bleiben jedoch eng, gesprochen wird weiterhin Portugiesisch. Heute ist Brasilien das bevölkerungsreichste Land Südamerikas, das sich beinahe über die Hälfte des Kontinents ausdehnt.

Weil die Fahrt entlang der Küste nun zügig vorangeht, verkündet der Generalkapitän seinen Offizieren und seiner Mannschaft hoffnungsfroh: »Jetzt wird bald unser gesuchter Seeweg nach Westen auftauchen.« So weit allerdings sind sie noch nicht. Sie entdecken zwar immer wieder tief eingeschnittene Buchten und kleine Flussmündungen, die sie genau untersuchen und vermessen. Aber es sind maritime Sackgassen, die auf Land treffen oder in schmalen Flüssen enden. Die ersehnte Meerespassage durch den Kontinent hindurch oder an ihm vorbei ist nicht in Sicht.

Am 10. Januar 1520 – sie sind schon fünf Monate unterwegs – zeigt sich hinter einer Landzunge plötzlich ein tiefer und breiter Einschnitt im Verlauf der Küstenlinie. Sind sie endlich am Ziel? Voller Hoffnung segeln sie hinein und untersuchen die Ufer. Magellan schickt die *Santiago* zur Erkundung voraus. Nach zwei Wochen jedoch kommt der Kapitän der Karavelle mit enttäuschenden Nachrichten zurück: »Immer nur Süßwasser«, berichtet er, »wir sind schon wieder in eine Flussmündung hineingefahren.« Tatsächlich haben sie wie vier Jahre vor ihnen Vicente Pinzón den riesigen Mündungstrichter der Flüsse Uruguay und Paraná entdeckt, der heute Río de la Plata genannt wird.

Die gesuchte Durchfahrt ist es also wieder nicht. Abermals verschlechtert sich die Stimmung der Mannschaft. Und die wird auch nicht besser, als Magellan den Befehl zur Weiterfahrt nach Süden gibt. Es ist Anfang März, der Sommer auf der Südhalbkugel neigt sich dem Ende entgegen. Das Meerwasser wird kälter, das Wetter schlechter. »Wie weit will uns der Generalkapitän denn noch ins Ungewisse treiben?«, fragen die Matrosen. Und Magellans Kapitäne bezweifeln langsam, dass es den erhofften Seeweg überhaupt gibt. Vielleicht ist die berühmte Landkarte doch bloß Spinnerei, denkt manch einer von ihnen.

Magellan aber bleibt hartnäckig. »Wir segeln weiter nach Süden!«, befiehlt er. Bald überqueren sie den 40. Breitengrad, doch jetzt beginnt es auch noch zu stürmen. Mehrfach kommt Hoffnung auf, denn die Küstenlinie Südamerikas zieht sich in dieser Region immer wieder zurück und macht großen Wasserflächen Platz. Doch es sind bloß Buchten, die der Generalkapitän als Golfo San Matías, Golfo Nuevo und Golfo San Jorge in seine Seekarte einzeichnet. Bis hierher ist noch kein Europäer vor ihnen vorgedrungen. Auch die Portugiesen haben sich nicht so weit nach Süden vorgewagt.

ROARING FORTIES

Weil auf der Südhalbkugel der Erde die Landmassen kleiner sind als im Norden, entstehen dort über dem Meer besonders starke Stürme. Fast das ganze Jahr über ziehen sie von West nach Ost ungehindert zwischen Südamerika und der Antarktis hindurch und fegen über die Südspitze des Kontinents hinweg. Englische Seefahrer nennen die Region südlich des 40. Breitengrades deshalb *Roaring Forties,* »Brüllende Vierziger«. Südlich des 50. Breitengrades wird es noch stürmischer, deshalb der Name *Furious Fifties,* »Wütende Fünfziger«. Kurz vor der Antarktis, am 60. Breitengrad, beginnen schließlich die *Screaming Sixties,* die »Heulenden Sechziger«.

Die aufkommenden Stürme zwischen dem 40. und 50. Breitengrad stürzen die Armada mehrfach in Seenot. Rumpf, Masten und Segel der Schiffe haben in den vergangenen Monaten schwer gelitten. Jetzt werden die Schäden noch schlimmer. Der Zustand seiner Flotte und der bevorstehende Winter zwingen Magellan, einen geschützten Ankerplatz zu suchen. Erst einmal muss Schluss sein mit der unermüd-

lichen Fahrt nach Süden. Zum Glück entdecken sie an der Küste eine Bucht, die sich als natürlicher Hafen entpuppt. Das Land allerdings erweist sich als menschenfeindliche Einöde. Bis heute gibt es dort weit und breit keine größere Siedlung, nur das winzige Städtchen San Julián. Magellan atmet trotzdem auf: »Hier können wir den Winter in Sicherheit verbringen.« Seine Leute aber sehen das anders, die meisten wollen zurück. Ärger und Streit liegen schon wieder in der Luft.

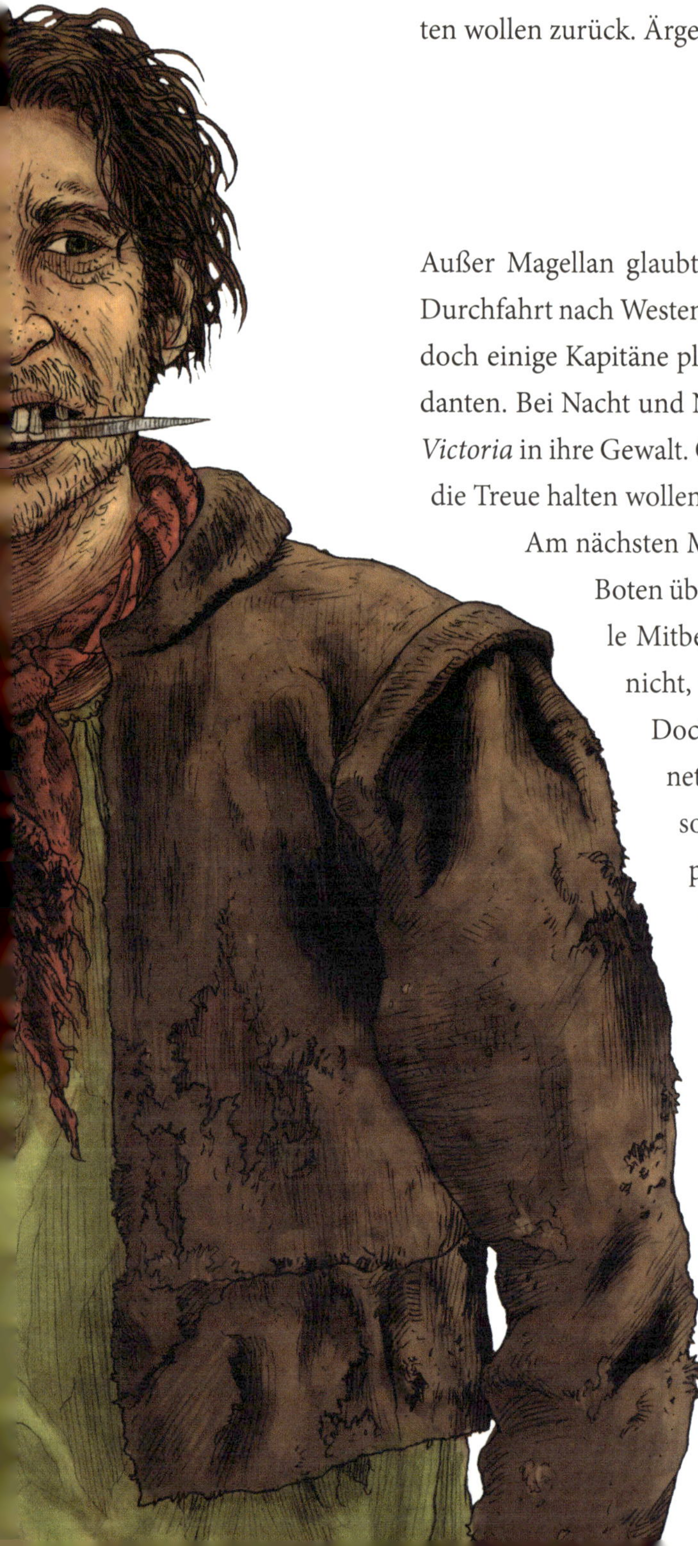

Meuterei der Kapitäne

Außer Magellan glaubt in diesen Tagen kaum noch jemand an die angebliche Durchfahrt nach Westen. Die Matrosen gehorchen zwar weiterhin seinen Befehlen, doch einige Kapitäne planen heimlich eine Verschwörung gegen ihren Kommandanten. Bei Nacht und Nebel bringen sie die *San Antonio*, die *Concepción* und die *Victoria* in ihre Gewalt. Offiziere und Matrosen, die sich widersetzen und Magellan die Treue halten wollen, werden eingesperrt.

Am nächsten Morgen lassen die Meuterer ihre Forderungen durch einen Boten überbringen: »Der Generalkapitän muss uns ab sofort die volle Mitbestimmung bei allen Entscheidungen garantieren.« Wenn nicht, wollen sie auf eigene Faust in die Heimat zurücksegeln. Doch Magellan geht nicht darauf ein. Er schickt einen bewaffneten Trupp mit einem kleinen Boot zur *Victoria*. Die Männer sollen dort angeblich einen Brief an den aufständischen Kapitän überbringen. Doch kaum sind sie an Bord, zücken sie ihre Waffen, und einer von ihnen ersticht den meuternden Kapitän. Weil die Mannschaft ihn nicht verteidigt, ist die *Victoria* durch diesen Handstreich wieder in Magellans Händen. Mit ihr, seinem Flaggschiff *Trinidad* und der *Santiago* versperrt er die Ausfahrt aus der Bucht. So können die beiden anderen Schiffe nicht entkommen.

Dennoch versucht die *San Antonio*, die Blockade zu durchbrechen und aufs offene Meer zu gelangen. Jetzt nutzt Magellan die militärischen Kenntnisse, die er vor vielen Jahren im Indischen Ozean erworben hat. Geschickt manövriert er sein Flaggschiff so, dass er die Kanonen auf das heranfahrende Schiff abfeuern kann. An der Bordwand und auf den Masten stehen schwer bewaffnete Männer. Die Mannschaft der *San Antonio* flüchtet kopflos vor Furcht unter Deck. So können Magellans Leute das Schiff entern und den Kapitän gefangen nehmen. Daraufhin ergeben sich auch die Meuterer auf der *Concepción*.

MEUTEREI AUF DER BOUNTY

Die berühmteste Meuterei findet 1789 auf dem englischen Schiff *Bounty* statt. Teile der Mannschaft rebellieren gegen ihren Kommandanten William Bligh. Zusammen mit einigen Getreuen wird er mit wenig Proviant in einem winzigen Beiboot auf dem Pazifik ausgesetzt. Ohne Seekarten segeln sie halb verhungert und verdurstet 6000 Kilometer bis zur Insel Timor nördlich von Australien. Es ist eine der größten Navigationsleistungen der Seefahrtsgeschichte. Einige Meuterer werden später aufgespürt und bestraft, andere verstecken sich auf der abgelegenen Pazifikinsel Pitcairn.

Der Aufstand der Kapitäne ist beendet. Der größte Teil der Mannschaft hat es nicht gewagt, sich gegen den Generalkapitän zu stellen. Weil Magellan standhaft geblieben ist, wird seine Autorität gestärkt. Den Kapitän der *Concepción* lässt er hinrichten. Das Kommando über die Schiffe haben jetzt nur noch seine Getreuen, die meisten sind Portugiesen. Alle anderen Aufständischen werden begnadigt, denn jeder Mann wird für die Arbeit an Bord gebraucht.

Jetzt heißt es, die Zeit bis zum Frühjahr sinnvoll zu nutzen. Die Schiffe müssen repariert und wieder seetüchtig gemacht werden. Leider sind die Vorräte knapp, und auf dem kargen Land findet sich nicht viel Essbares. Nur gelegentlich treffen sie auf Einheimische, mit denen sie ein wenig handeln können. Doch die haben selber nicht viel anzubieten. Je länger der Winter dauert, desto mehr macht den Männern auch die Kälte zu schaffen. Einige werden den Aufenthalt hier nicht überleben.

Magellan aber lässt sich nicht entmutigen. Trotz des schlechten Wetters schickt er die *Santiago* wieder auf Erkundungsfahrt. »Seht nach, ob sich an der Küste nicht doch noch irgendwo die Meerenge nach Westen öffnet«, lautet sein Auftrag. Doch das ist keine gute Idee; wieder macht Magellan einen schweren Fehler. Der nächste Sturm nämlich treibt das kleine Schiff auf die Küste zu, wo es von den Wellen auf den Strand gespült wird. Es zerbricht in tausend Teile. Proviant und Werkzeuge sind verloren, aber bis auf einen können sich alle Männer retten. Jetzt müssen sie am Ufer den Weg zurück nach Norden finden. Nach einem Gewaltmarsch erreichen sie schwach und ausgehungert das Winterlager ihrer Kameraden.

ERNEST SHACKLETON

Die stürmischen Gewässer südlich der ersehnten Durchfahrt, die Magellan am 21. Oktober 1520 entdeckt, reichen weiter bis zur Antarktis. Sie werden im Jahr 1916 Schauplatz für eine der größten Heldentaten in der Geschichte der Seefahrt. Ein Jahr zuvor ist das Schiff *Endurance* des britischen Polarforschers Ernest Shackleton vom Treibeis zerquetscht und versenkt worden. Die Mannschaft kann sich auf die Süd-shetland-Inseln retten. Von dort segelt und rudert Shackleton mit fünf Seeleuten im offenen Beiboot der *Endurance* zur Insel Südgeorgien – 1300 Kilometer durchs stürmische Polarmeer. Von dort aus organisiert er die Rettung der zurückgebliebenen Männer, die zwei Jahre im ewigen Eis überlebt haben.

Der Bericht vom Schiffbruch der *Santiago* lässt die Stimmung der Mannschaft wieder einmal auf einen Tiefpunkt sinken. Fast ein Jahr sind sie inzwischen unterwegs, und nichts haben sie erreicht. Erfahrene Kapitäne sind abgesetzt oder tot. Jetzt fehlt ihnen sogar noch die wichtige Erkundungskaravelle mitsamt ihren Vorräten. »Ist es nicht Zeit, endlich umzukehren?«, fragen sich die meisten. Magellan will davon nichts wissen. Aber nicht einmal er ahnt in diesen grauen und stürmischen Winterwochen, wie nah sie ihrem Ziel bereits gekommen sind.

Die Entdeckung

Eine vielversprechende Einfahrt

»Wir fahren weiter!«, befiehlt der Generalkapitän. Der Frühling auf der Südhalbkugel hat begonnen, und das Wetter wird jeden Tag besser. Am 21. Oktober, nur drei Tage, nachdem die Armada ihr Winterquartier verlassen hat, macht der Ausguck eine aufregende Entdeckung: ein Kap, hinter dem sich eine Bucht tief ins Landesinnere ausbreitet. Sie befinden sich am 52. Breitengrad, und Magellan hofft, hier endlich die ersehnte Durchfahrt gefunden zu haben. Zwei seiner Schiffe schickt er zur Erkundung aus. Ungeduldig wartet er auf ihre Meldungen.

Fünf Tage bleiben sie fort. Als sie zurückkommen, schießen sie mit ihren Kanonen Salut. Das kann nur eines bedeuten: Die Durchfahrt ist gefunden! Ein Sturm hat die beiden Schiffe zunächst immer tiefer in die Bucht hineingetrieben. Und obwohl sie befürchten, von den Wellen aufs Ufer gespült zu werden, finden sie Richtung Westen immer wieder einen Ausweg. Das Ende haben sie noch nicht gesichtet, sondern sind erst einmal mit der frohen Botschaft zurückgekehrt. Kein Zweifel, hier muss der gesuchte Meeresarm durch den Kontinent verlaufen. Denn während der ganzen Zeit sind sie auf diesem Abzweig in Salzwasser unterwegs. »Endlich einmal keine Flussmündung, keine Sackgasse«, triumphiert Magellan. Doch wo diese Durchfahrt endet und ob sie überhaupt vollständig befahrbar ist, das muss er erst herausfinden.

Zunächst einmal bekommt er jedoch wieder Ärger mit seinen Leuten. Vor allem Estevão Gomes, Steuermann der *San Antonio* und erfahrenster Navigator der Armada, will zurück nach Spanien. »Wir haben den Weg zu den Gewürzinseln entdeckt«, sagt er, »aber zu wenig Proviant fürs Weiterfahren. Außerdem wissen wir nicht, wie das Meer jenseits des Kanals aussieht. Lasst uns zurücksegeln und in Spanien eine frische, besser ausgerüstete Expedition organisieren.«

Das sind keine schlechten Argumente, denn die Vorräte sind wirklich knapp und die verbliebenen Schiffe nicht mehr besonders seetüchtig. Aber Magellan denkt nicht ans Aufgeben. So kurz vor dem Ziel will er nicht umkehren, sondern auch die Ausfahrt aus diesem Kanal entdecken. Sein Wort ist Gesetz, und so segeln die vier Schiffe in langsamer Fahrt in die Meerenge hinein.

Das Land zu beiden Ufern erscheint Magellan und seinen Leuten trostlos. Die Küste ist kahl und kaum bewachsen. In der Ferne tauchen dichte Wälder und verschneite Berge auf. Außer Fisch, Miesmuscheln und ein paar kümmerlichen Pflanzen finden sie nichts Essbares, um ihren kargen Lebensmittelvorrat etwas aufzubessern. Zwar entdecken sie einmal eine Art Friedhof und andere Spuren von menschlichem Leben, doch es zeigt sich keine Menschenseele. Im Süden sehen sie nachts manchmal kleine Feuer brennen, weshalb sie das Land Tierra del Fuego nennen – Feuerland. Doch seine Bewohner nähern sich der Armada nicht. Vermutlich haben sie Angst vor den hölzernen Ungetümen, die da vor ihrer Küste aufgetaucht sind.

KREUZ DES SÜDENS

Das Sternenzelt auf der Südhalbkugel der Erde sieht nicht so aus wie in Europa, denn man schaut dort in einem anderen Winkel ins Weltall. Deshalb erscheinen dort Sternbilder, die im Norden nicht zu sehen sind. Wer nach Süden segelt, erkennt am Himmel einen unverwechselbaren Wegweiser: das Kreuz des Südens. Mit seiner Hilfe lässt sich die Südrichtung eindeutig bestimmen. Auch Magellan und den frühen portugiesischen Seefahrern dient es zur Orientierung auf dem Meer.

Ein schwerer Verlust

Mehrere Wochen lang erkundet Magellans Armada Meile für Meile die Ufer und die zahlreichen Verzweigungen, um die richtige Passage nach Westen aufzuspüren. Die Durchfahrt ist verwirrend: ein Labyrinth aus Untiefen und Sandbänken, Inseln und Halbinseln, Gabelungen, Windungen und Sackgassen. Immer wieder heißt es, in einen Seitenkanal vorzufahren, um dann enttäuscht zurückzukommen. Starke Strömungen, Regen, Nebel, dauernde Gegenwinde und unberechenbare Böen aus allen Richtungen machen den Seeleuten das Leben zusätzlich schwer.

PATAGONIEN

Magellans Leute waren enttäuscht von der trostlosen Gegend, die sie südlich des Río de la Plata vorfanden. Als sie eines Tages einen besonders großen Mann zu Gesicht bekamen, erinnerten sie sich an den Riesen Pathágon, eine Figur aus einer spanischen Rittergeschichte, und nannten das lebensfeindliche Land Patagonia. Bis heute heißt die Südspitze Südamerikas Patagonien. Sie ist extrem dünn besiedelt; es gibt mehr Schafe und Guanakos – eine wild lebende Kamelart – als Menschen. Punta Arenas in Chile und Ushuaia in Argentinien sind die einzigen kleinen Städte im Umkreis von Hunderten von Kilometern. Im Osten breitet sich die Pampa aus, eine steppenartige Ebene, über die fast immer starke Winde wehen. Im Westen türmen sich die Ausläufer des Andengebirges auf – mit Felsspitzen, Urwald und Gletschern. Dort liegt eine der regenreichsten Gegenden der Erde.

Welcher Abzweig ist wohl der richtige?, fragt sich Magellan immer wieder. Damit sie bei der Suche schneller vorankommen, gehen die Schiffe getrennt auf Erkundungsfahrt. Anschließend treffen sie sich wieder an einem vorher vereinbarten Ort. Die meisten Nebenarme enden sehr bald, doch einer der Wege führt immer weiter nach Westen. Gibt es die Ausfahrt in den anderen Ozean wirklich? »Es muss sie geben«, spricht sich Magellan selbst Mut zu. Das Wasser jedenfalls bleibt salzig, sie befinden sich also weiterhin nicht auf einem Fluss, sondern in einem Meeresarm.

DRAKE-STRASSE

400 Kilometer weiter südlich von Magellans schmalem Meeresarm treffen Atlantik und Pazifik direkt aufeinander. Die Winde rasen mit großer Gewalt von einem Ozean zum anderen. Die weit hinausragenden Landspitzen Südamerikas und der Antarktis sorgen auf dieser Windautobahn für einen Engpass, der wie eine Düse wirkt. Das verleiht den Stürmen zusätzliche Kraft und erzeugt bis zu 18 Meter hohe Wellenberge. Die ungefähr 900 Kilometer breite Meeresstraße ist nach dem englischen Seefahrer Francis Drake benannt, obwohl auf diesem Wege erstmals der holländische Kapitän Willem Schouten Südamerika umfahren hat.

Eines Tages aber fehlt beim vereinbarten Treffen die *San Antonio*. Auch nach tagelanger Suche ist sie nicht aufzufinden. Selbst wenn sie irgendwo zerschellt wäre, müssten in den engen Kanälen wenigstens Spuren von ihr zu sehen sein. Magellan schickt eines der verbliebenen Schiffe deshalb sogar zurück bis zum Atlantik – ohne Ergebnis. »Schluss damit!«, befiehlt daraufhin der Generalkapitän, und sie geben die Suche auf. Sie hat schon jetzt viel zu viel Zeit, Energie und Proviant gekostet. Ab sofort besteht die Flotte nur noch aus drei Schiffen. Nach der Karavelle *Santiago* sind nun auch die größte der vier Naos, der beste Steuermann und wichtige Lebensmittel verloren.

Es ist ein Rätsel, für das es nur eine Erklärung zu geben scheint: Die *San Antonio* hat sich davongemacht und den Heimweg nach Spanien angetreten. Was Magellan nur vermuten kann und niemals erfahren wird: Die müden und ausgehungerten Matrosen haben keine Lust mehr auf die Fortsetzung dieser beschwerlichen Expedition, sie wollen nach Hause. Deshalb haben sie den aufmüpfigen Steuermann

Estevão Gomes unterstützt, als er den Kapitän der *San Antonio* abgesetzt und gefangen genommen hat. Anschließend treten sie tatsächlich bei Nacht und Nebel die Rückfahrt nach Norden an. Ein halbes Jahr später erreichen die Abtrünnigen ihren Heimathafen am Río Guadalquivir.

Dort müssen sie sich für ihre Meuterei rechtfertigen. Deshalb erfinden sie eine Mischung aus Tatsachen, Halbwahrheiten und Lügen. Sie malen ein Schreckensbild vom sinnlosen Herumkreuzen im Südatlantik und den trostlosen Monaten im Winterlager. Sie beschuldigen Magellan der Unfähigkeit und der Tyrannei. Sogar Verrat im Auftrag Portugals werfen sie ihm vor. »Der Generalkapitän ist am Ende der Welt völlig hilflos und verloren unterwegs«, behauptet der Anführer Gomes, »seine Armada wird niemals nach Europa zurückkehren.« Man glaubt den Meuterern, auch wenn der abgesetzte Kapitän der *San Antonio* eine andere Geschichte erzählt. Magellans Ruf ist damit erst einmal ruiniert. Was in der Zwischenzeit am südlichen Zipfel Amerikas wirklich passiert, kann in Spanien in diesen Tagen niemand wissen.

KAP HOORN

Im Januar 1616, knapp ein Jahrhundert nach Magellan, segelt der niederländische Kapitän Willem Schouten mit seinem Schiff *Eendracht* als Erster um die äußerste Südspitze Südamerikas. Er entdeckt damit einen der wichtigsten Seewege auf dem Globus. Dabei sichtet er außerdem einen auffälligen Felsbrocken, den er nach seiner holländischen Heimatstadt Hoorn benennt. Kap Hoorn ist am 56. Breitengrad zwar nicht der südlichste Punkt des Kontinents, wird aber wegen der gefährlichen Umrundung in die Geschichte der modernen Seefahrt eingehen.

Endlich: der Pazifik

Wann endlich hat dieser Meeresarm ein Ende, wann mündet er endlich in den Ozean?, fragt sich Magellan jeden Morgen neu. Wochenlang sind sie schon darin unterwegs, und nun wird er auch noch schmaler und schmaler. Wenigstens gibt es nicht mehr so viele Abzweigungen, die sich als Sackgassen erweisen. Langsam wird

der Generalkapitän ungeduldig. Deshalb setzt er eine Prämie aus für denjenigen, der das große, unbekannte Meer als Erster sichtet. Und da kommen kurz darauf tatsächlich drei Kundschafter von einem Berg zurück und behaupten: »Wir haben von dort oben den Ozean gesehen!«

Noch hundert Kilometer liegen in der engen Passage vor ihnen, und ausnahmsweise sind sie einmal nicht vom Pech verfolgt. Eigentlich herrscht hier fast immer Gegenwind, doch nun dreht er auf wundersame Weise in die andere Richtung. So können sie mit flotter Fahrt vorankommen. Die erste Durchquerung des 600 Kilometer langen Kanals erweist sich im Nachhinein als seltener Glücksfall, denn später werden Segelschiffe hier wochenlang gegen den Westwind ankämpfen.

Dann ist es geschafft. Am 28. November 1520, fünf Wochen nach der Einfahrt in den Kanal, segeln sie aufs offene Meer hinaus. Magellans Zuversicht, seiner Beharrlichkeit und auch seiner Härte gegenüber Kapitänen, Steuerleuten und Matrosen ist das zu verdanken. Doch der Preis ist hoch: Zwei Schiffe und viele seiner Männer sind verloren. Er hat erreicht, was viele vor ihm erträumt und erstrebt haben: den Seeweg um Amerika herum gefunden. Die Existenz eines Ozeans endgültig bewiesen, den Vasco Nuñez de Balboa sieben Jahre zuvor von Panama aus gesichtet hat. Für Spanien den Weg Richtung Westen zu den Gewürzinseln geöffnet – in den Orient, nach China und Indien. Eine Verbindung zwischen Atlantik und Pazifik entdeckt und damit auch die Möglichkeit einer vollständigen Weltumseglung bestätigt. Cabo Deseado, das ersehnte Kap, nennen sie die letzte Landzunge, an der sie vorbeifahren.

MANILA-GALEONEN

Magellans Seeweg hat nie den Nutzen gebracht, den sich die Spanier erhofft haben. Zu eng ist die Passage, sodass Segelschiffe sie nur schwer durchkreuzen können. Zu weit entfernt von Europa ist sie außerdem für den raschen Transport von Waren. Deshalb richten die Spanier während der Kolonialzeit eine andere Art von regelmäßigem Schiffsverkehr ein: Die sogenannten Manila-Galeonen – große, behäbige Transportschiffe – bringen Waren aus ganz Asien von den Philippinen über den Pazifik nach Acapulco in Mexiko. Dort geht es auf dem Landweg weiter zum Atlantikhafen Veracruz und dann wieder per Schiff nach Spanien.

Magellan, der hartherzige und unerbittliche Seemann, wird zum ersten Mal auf dieser Reise von seinen Gefühlen überwältigt. Man darf dem Tagebucheintrag des Mitreisenden Antonio Pigafetta glauben, wenn er schreibt: »Der Generalkapitän weinte vor Freude.« Die Nachwelt wird dem Anführer der Armada zu Recht ein Denkmal setzen und die Durchfahrt Estrecho de Magallanes nennen – Magellanstraße.

Einige Mitglieder der Mannschaft denken auch jetzt noch daran, auf dem gleichen Weg zurückzukehren. »Wir sollten die große Entdeckung so schnell wie möglich in Spanien verkünden«, sagen sie. Die Schiffe befinden sich in schlechtem Zu-

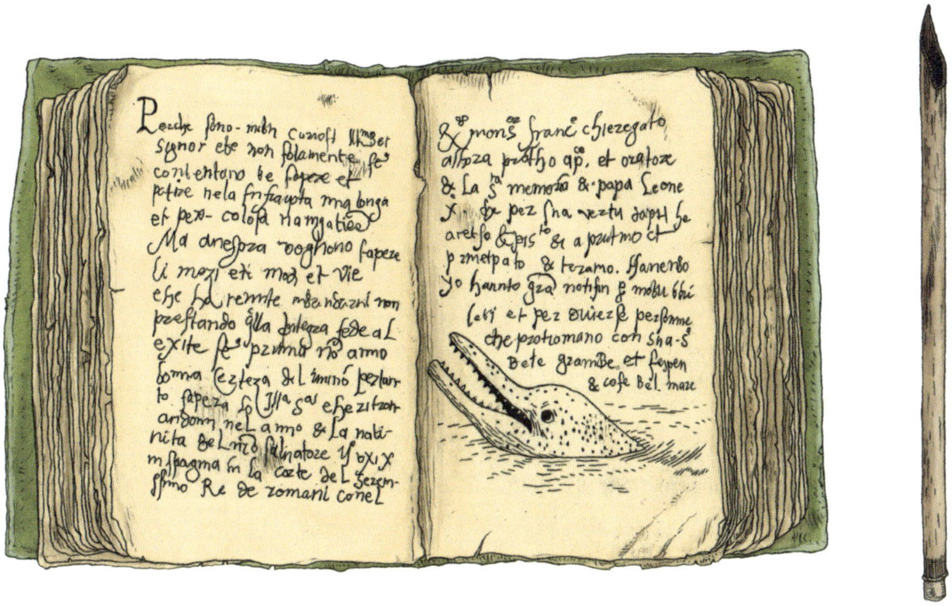

stand, die Matrosen sind am Ende ihrer Kräfte, die Vorräte knapp. Keiner weiß, wie groß der Ozean wirklich ist. Niemand ahnt, was sie dort erwartet. Doch Magellan schaut abermals nur nach vorn. »Wir wagen es«, verkündet er seinen Leuten, »unseren Auftrag haben wir noch nicht erfüllt. Die Reise ist noch nicht zu Ende!«

Navigare necesse est! Der berühmte Aufruf des antiken römischen Feldherrn Pompeius findet wieder einmal seine Anwendung. Und er wird erneut zu einer seemännischen Großtat führen. Vorerst ist es ein mutiger Aufbruch von einem fremden, unbekannten Land auf ein noch unbekannteres Meer. Wenn die 175 verbliebenen Männer auf den drei Schiffen wüssten, dass ihr Abenteuer jetzt erst richtig beginnt …

WINDJAMMER

Seine größte Bedeutung erlangt der Seeweg um Südamerika Ende des 19. Jahrhunderts, als in Chile Salpeter entdeckt wird. Er dient als Rohstoff für Düngemittel und Schießpulver. Für den Transport bauen Werften vor allem in Deutschland spezielle Großsegler mit drei, vier oder sogar fünf Masten. Windjammer werden sie genannt. Dampfschiffe sind zwar auf den Ozeanen schon unterwegs, doch können die Windjammer große Mengen Salpeter transportieren, ohne für den langen Seeweg von Chile nach Europa Unmengen teurer Kohle als Treibstoff laden zu müssen. Die Magellanstraße ist für sie natürlich zu schmal, sie segeln außen um Kap Hoorn herum.

Aufbruch ins Unbekannte

Nur Ozean – und sonst nichts

Einen letzten Blick werfen sie noch auf das menschenfeindliche, kalte Land und auf den so lange gesuchten Meeresarm. Dann segelt die Armada weiter durch Gewässer, die nie ein Europäer vorher befahren hat. Nach Nordwesten soll die Reise gehen: weg von diesem kühlen, regnerischen Wetter, hinein in wärmere Regionen. Vom Meer erhalten sie Unterstützung, denn von der Antarktis aus fließt eine starke Strömung an der südamerikanischen Küste entlang nach Norden. Der deutsche Gelehrte und Weltreisende Alexander von Humboldt wird sie drei Jahrhunderte später als Erster vermessen und genau beschreiben. Seither trägt sie seinen Namen: Humboldtströmung.

Tage vergehen, Wochen vergehen. Der Dezember ist schon vorbei, dann der Januar, schließlich der Februar. Und noch immer ist kein Land in Sicht, der Ozean nimmt kein Ende. Magellan muss feststellen, dass alle Vermutungen der Geografen über die Größe des unbekannten Meeres falsch gewesen sind. Auch er selbst hat sich geirrt. Sie befinden sich nicht im Indischen Ozean, nicht in der Nähe der malaiischen Inseln, sondern auf dem größten Ozean des Globus. Den hat noch kein Mensch vermessen und kein Europäer jemals durchquert. »Der Umfang der Erde«, so muss Magellan feststellen, »ist viel größer, als wir alle gedacht haben.«

Immerhin treffen sie auf ihrem Kurs nach dem Humboldtstrom nun auch hier auf den Passatwind, der sie mit vollen Segeln vor sich hertreibt. Es ist eine gleich-

mäßige Fahrt, und Magellan prägt das Wort vom Océano Pacífico, vom »Stillen Ozean«. Dass er auch extrem stürmisch sein kann, werden sie und viele Seefahrer nach ihnen noch erleben.

PANAMA-KANAL

Die Route um die Südspitze Südamerikas bleibt vier Jahrhunderte lang für Schiffe die einzige Verbindung zwischen Atlantik und Pazifik – ob durch die Magellanstraße oder rund um Kap Hoorn. Die Spanier träumen zwar schon während der Kolonialzeit von einem Kanal quer durch Mittelamerika, doch das kühne Projekt kommt erst nach ihrem Abzug in Gang. 1881 macht eine französische Gesellschaft den ersten Versuch. Sie scheitert an sumpfigem Gelände, tropischer Hitze und schlechter Organisation. Mehr als 20 000 Arbeiter sterben an Gelbfieber und Malaria. Zwanzig Jahre später besetzen amerikanische Truppen das Gebiet und rufen einen unabhängigen Staat Panama aus. Jetzt gelingt das Ausbaggern einer 82 Kilometer langen Wasserstraße. Seit 1914 macht der Panama-Kanal die Umschiffung Südamerikas überflüssig und wird zu einem der wichtigsten Transportwege der Erde.

Hatten sich die Matrosen anfangs noch über das schöne Wetter gefreut, werden ihnen die tropische Hitze, der ewige Sonnenschein und das erbarmungslose Blau von Himmel und Meer langsam zur Qual. Besonders schlimm ist der Mangel an Trinkwasser, das mit jedem Tag knapper und fauliger wird. Auch die Lebensmittelvorräte gehen dem Ende entgegen. Der Zwieback wimmelt von Maden, langsam werden sogar die Ratten an Bord zur Delikatesse. Hunger, Durst und Vitaminmangel führen zu Krankheiten. Viele Matrosen leiden bereits an Skorbut, einige sterben. Die Schiffe werden zum Hospital, das Meer zum Friedhof. Nie und nimmer könn-

te diese geschwächte Mannschaft einem schweren Sturm trotzen. Doch dem Himmel sei Dank: Das Wetter bleibt gut.

Gibt es denn keine einzige Insel auf diesem riesigen Ozean?, fragt sich Magellan mit wachsender Verzweiflung. Es gibt sie natürlich – zu Tausenden sogar. Zwei große Inselgruppen, die Marquesas und der Tuamotu-Archipel, liegen sogar in Reichweite von Magellans Armada. Leider segeln sie genau zwischen beiden hindurch. Weiter im Norden, nach Überquerung des Äquators, verpassen sie den Gilbert- und den Marshall-Archipel. Auch hier segeln sie an den Inselgruppen vorbei, ohne auch nur ein einziges Stück Land zu sichten. Sie haben einfach Pech.

Ohne Karten und ohne Erfahrung mit dieser eintönigen Wasserwüste kommen sie sich langsam verloren vor. »Kein Mensch nach uns wird jemals wieder eine so verrückte Seefahrt unternehmen«, stöhnen die Matrosen. Dass polynesische Seefahrer und Entdecker solche Reisen durch den Pazifik schon viele Hundert Jahre vor ihnen erfolgreich unternommen haben, können sie nicht wissen.

KON-TIKI

Mehr als 400 Jahre nach Magellan bricht der norwegische Forscher Thor Heyerdahl von Südamerikas Küste in den Pazifik auf. Er will beweisen, dass die Inselwelt des Ozeans von den Inkas erkundet und besiedelt wurde. Dazu lässt er ein Floß aus leichtem Balsaholz bauen, nennt es *Kon-Tiki* und segelt damit im Jahr 1947 los. Humboldtstrom und Passatwinde tragen ihn tatsächlich weit nach Westen. In hundert Tagen legt er fast 7000 Kilometer zurück und erreicht eine Insel im Tuamotu-Archipel. So beweist Heyerdahl, dass eine solche Reise mit den Mitteln der Inkas möglich gewesen wäre. Die Wissenschaft aber weiß inzwischen, dass der Pazifik anders herum besiedelt wurde: von West nach Ost durch die Polynesier.

14 Wochen sind sie jetzt auf diesem endlosen Pazifik unterwegs, mehr als dreimal so lang wie Kolumbus auf seiner ersten Atlantiküberquerung. Doch der war mit nagelneuen Schiffen von seinem Heimathafen aus gestartet. Für alle Fälle hat ihm der Rückweg nach Spanien offen gestanden. Magellan aber ist mit dem traurigen Rest seiner Armada ohne jeden Rückhalt ins Unbekannte aufgebrochen – von einem trostlosen Ort am Ende der Welt, zu dem es kein Zurück mehr gibt.

Land in Sicht

Plötzlich, nach 99 Tagen auf See, treffen sie endlich auf eine Insel. Es ist Guam, das zum Marianen-Archipel gehört. Dass die Insel bewohnt ist, sorgt zunächst für Freude, denn es bedeutet: Es gibt Trinkwasser und Nahrung. Die Einheimischen nähern sich den Fremden mit Dutzenden kleiner Kanus und klettern an Bord der drei großen Schiffe. Doch das Zusammentreffen mit ihnen ist nicht besonders erfreulich. Sie geben zwar gern von ihren Lebensmitteln ab, nehmen sich dafür aber auch alles, was sie von den merkwürdigen Besuchern ergattern können.

POLYNESISCHE SEEFAHRER

Schon vor 3000 Jahren beginnen die Polynesier die Erkundung der Südsee – zu einer Zeit, als die Europäer sich noch auf den Schiffsverkehr im Mittelmeer beschränken oder ängstlich in Sichtweite der Küsten segeln. Die genaue Kenntnis der Gestirne dient den kühnen Seefahrern als Kompass. Windrichtung, Strömungen, Vogelflug und Treibgut helfen bei der Navigation. Sie entdecken Hunderte von Inseln und wagen sich immer aufs Neue in die Weiten des Pazifik hinaus. So erreichen sie von Neuguinea und den Philippinen aus die extrem verstreute Inselwelt zwischen Neuseeland und Hawaii. Als Magellan und seine europäischen Nachfolger die Region erreichen, sind alle bewohnbaren Inseln längst besiedelt.

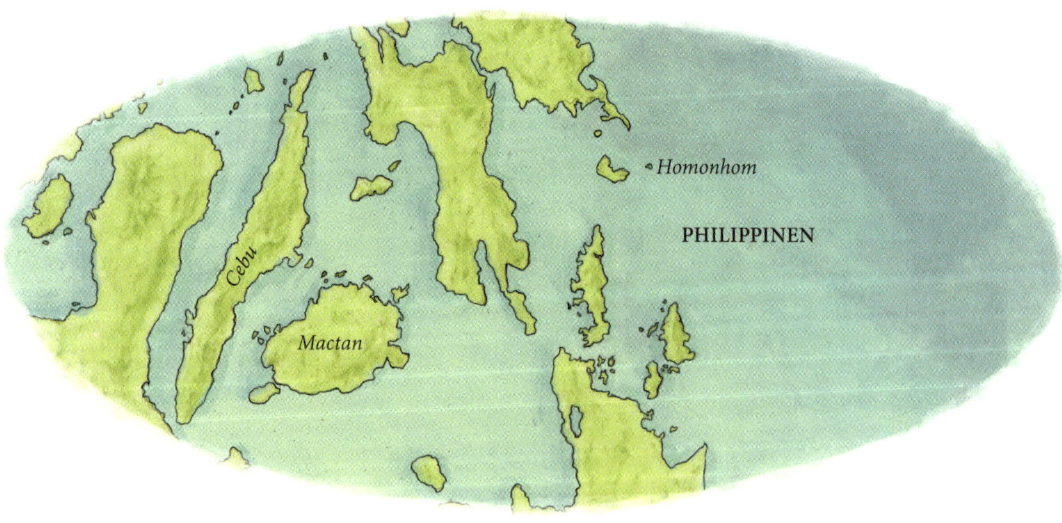

Die Inselbewohner haben keine bösen Absichten, doch für die Weiterreise können Magellan und seine Mannschaft auf wichtige Ausrüstungsgegenstände nicht verzichten. Als die Einheimischen auch eines der Beiboote entführen, kommt es zum Streit und einem Kampf. Das Ruderboot wird zurückerobert, so viele Lebensmittel wie möglich werden an Bord verfrachtet. Nachdem sich Seeleute und Einheimische also gegenseitig bestohlen haben, gibt Magellan den Befehl zum Aufbruch: »Wir verschwinden von dieser Insel der Diebe.« Isla de los Ladrones – so nennt er das Eiland, das ihn zunächst so gastfreundlich empfangen hatte. Zwei Kulturen und zwei Denkweisen sind hier aufeinandergetroffen, ohne sich gegenseitig zu verstehen.

Nach diesem kurzen Aufenthalt macht sich die Armada auf westlichem Kurs mit neuem Mut erneut auf den Weg ins Ungewisse. »Die Gewürzinseln können so weit entfernt nicht mehr sein«, verspricht Magellan. In der Tat treffen sie eine Woche später wieder auf Land. Es ist Homonhom, eine der mehr als 7000 Inseln, die heute zu den Philippinen gehören. Die Inseln sind so dicht im Meer verteilt, dass man sie gar nicht verfehlen kann. Die Fahrt durch den entsetzlich weiten, ewig blauen Ozean hat also endlich ein Ende.

Diesmal sind die Begegnungen mit den Einheimischen freundlicher. Sie sind am ganzen Körper tätowiert und bringen den Fremden Wasser, Kokosnüsse und Bananen. Die erschöpfte Mannschaft kann sich ausruhen und wieder zu Kräften kommen. Was Magellan jedoch besonders freut: Die Menschen tragen goldene Ohr-

ringe und Armreifen – es muss also Gold geben auf diesen Inseln! Und als er ihnen einige mitgebrachte Muskatnüsse und Gewürznelken zeigt, erkennen sie diese wieder. Die Gewürzinseln müssen tatsächlich in der Nähe sein!

KATAMARAN UND AUSLEGERKANU

Schmale Kanus aus einem einzigen Baumstamm können leicht kentern. Deshalb haben die Bewohner der Pazifikinseln das Auslegerkanu erfunden. Wenn an einer oder sogar an beiden Seiten des Bootes ein paralleler Balken befestigt wird, liegt es stabiler im Wasser. Legt man zwei Bootsrümpfe nebeneinander und verbindet sie durch hölzerne Streben, erhält man einen Katamaran. Eine Plattform in der Mitte schafft weiteren Platz für Masten, Segel, Menschen und Ladung. Im Vergleich zu Magellans Naos erscheinen diese Schiffe primitiv, doch sind sie alles andere als das: Mit diesen hochseetüchtigen Fahrzeugen haben die Polynesier den Pazifik erobert.

Das bestätigt auch Magellans malaiischer Diener, der die Sprache der Einheimischen einigermaßen versteht. Wie ein Wunder kommt es ihm vor, dass er nach so langer Zeit in seine Heimat zurückkehren kann. So ist er der erste Mensch, der den gesamten Globus einmal umrundet hat – wenn auch nicht bei einer einzigen Fahrt. »Da sind wir so lange immerzu nach Westen gesegelt«, erklärt ihm der Generalkapitän, »und sind dabei nun tatsächlich im Fernen Osten angekommen.« Was Kolumbus nicht gelungen ist, haben sie erreicht.

Ihr Ziel, die Molukken, kann nicht mehr weit sein. »Von dort wird die Heimfahrt auf bekannten Wegen über Indien und Afrika nur noch ein Kinderspiel«, verspricht Magellan der Mannschaft. Doch weil ihm vom spanischen König große Teile der neu gefundenen Gebiete als persönlicher Besitz versprochen worden sind, will er sich nach der üblichen Praxis der europäischen Entdecker und Eroberer erst einmal so viel Land wie möglich sichern. Weil auch jeder einzelne Seemann mit Belohnungen beteiligt sein soll, sind alle plötzlich in bester Stimmung. Die Qualen und Entbehrungen der vergangenen Monate sind vergessen. Sie genießen die Wärme, das Grün der schattigen Wälder und die Fülle an frischem Wasser und Lebensmitteln. Es kommt ihnen vor wie das Paradies.

Magellans Tod

In den kommenden Wochen kreuzt Magellan weiter durch das Labyrinth aus Wasser und Inseln im philippinischen Archipel. Eine Küste nach der anderen nimmt er in spanischen Besitz. Er pflanzt so oft wie möglich das christliche Kreuz in die Erde und versucht, die Menschen zum Christentum zu bekehren. Eines Tages, so hofft er, wird er mit einer größeren Armada zurückkehren und sich das Land endgültig sichern.

Aber da hat er die Rechnung ohne die Einheimischen gemacht, ohne deren Einverständnis all dies natürlich geschieht. Sie wollen sich nicht alles gefallen lassen, was die Fremden mit ihnen vorhaben. Vor allem mögen sie nicht einsehen, dass Magellan ihnen als Kapitän des »größten Königs der Welt« Befehle gibt. Einen neuen Herrscher brauchen sie hier ganz und gar nicht. Aber sie werden mit Geschenken und Tauschgütern bei Laune gehalten und manchmal auch mit dem Donnern der Kanonen ruhiggestellt. Außerdem nutzen die Spanier geschickt die Rivalitäten zwischen den einheimischen Häuptlingen aus.

Inzwischen sind die drei Schiffe auf der Insel Cebu angelandet. Dort setzt der Generalkapitän ohne viel Widerstand durch, dass ihm die Einheimischen einen Tribut abliefern. Raja Humabon, der Herrscher von Cebu, lässt sich zusammen mit seiner Familie und seinen Untertanen sogar taufen. Es ist eine feierliche Zeremonie, bei der fast tausend Männer, Frauen und Kinder das Taufsakrament erhalten. Besonders überzeugt von diesem merkwürdigen christlichen Glauben scheinen die Malaien allerdings nicht. Beeindruckt sind sie vor allem von den Schiffsungetümen, den Kanonen, Feuerwaffen und eisernen Rüstungen, mit denen die Fremden unbesiegbar, ja sogar unverwundbar erscheinen. Vermutlich hoffen die Häuptlinge, dass sie bald wieder abziehen. Und damit haben sie Recht. Zwar schafft Magellan in diesen Tagen die Grundlage dafür, doch werden die Philippinen erst viele Jahrzehnte später ins spanische Kolonialreich einverleibt.

Die Einmischung in das Alltagsleben der Ureinwohner und die Forderung nach weiteren Abgaben aber werden ihm schließlich zum Verhängnis. Auf Cebus Nachbarinsel Mactan wehrt sich der Häuptling Lapulapu gegen Magellans Autorität und verweigert den geforderten Tribut. Er hält nichts von der plötzlichen Christianisie-

LAPULAPU

Der Häuptling gilt als mutiger Krieger, der die traditionellen philippinischen Techniken des Ringens und des Faust- und Fußkampfes beherrscht und auch mit Speeren, Pfeil und Bogen geschickt umgehen kann. Er wird auf den Philippinen bis heute als Volksheld verehrt, weil er sich als Erster erfolgreich gegen die Herrschaft der Europäer und die Kolonisierung der Inseln gewehrt hat.

rung seiner Nachbarn. Der Machtgewinn des Raja Humabon durch die Rückendeckung der Spanier ist ihm erst recht ein Dorn im Auge. Doch diesen Widerstand will der Generalkapitän nicht dulden und noch einmal die überlegene Macht der Europäer beweisen. Schließlich hat er dem Raja versprochen, durch seinen Übertritt zum Christentum der mächtigste Herrscher auf den Inseln zu werden. Mit einem Teil seiner Mannschaft und drei kleinen Booten macht er sich deshalb auf den Weg nach Mactan. »Es wird ein leichter Sieg gegen ein paar armselig bewaffnete Dorfbewohner«, verkündet er optimistisch.

Ein fataler Irrtum, wie sich schon bald zeigen wird. Denn auf der Insel hat Lapulapu seine Leute gut vorbereitet. Zur Verteidigung ihres Dorfes haben die Bewohner Gräben ausgehoben und sich mit Lanzen, Keulen und Wurfgeschossen bewaffnet. Dennoch wagt Magellan den Sturm auf die Siedlung. In drei kleinen Booten rudert er mit seinen Leuten heran. Doch das Riff vor der Insel können sie damit nicht überwinden, sodass sie die letzten 300 Meter zu Fuß durchs tiefe Wasser waten müssen. Das bekommt dem Schießpulver für die Gewehre der Spanier natürlich gar nicht gut.

JAMES COOK

Mit Magellans genialer Leistung als Navigator messen darf sich der englische Seefahrer James Cook. Auf drei Seereisen rund um den Globus erkundet er zwischen 1768 und 1779 vor allem viele bis dahin unbekannte Küsten und Inseln auf der Südhalbkugel. Er betritt als erster Europäer Australien und sucht den damals noch sagenhaften »Südkontinent«, die Antarktis. Dabei überquert er als Erster den südlichen Polarkreis. Während seiner Fahrten zeichnet er die zuverlässigsten Seekarten seiner Zeit. Zahlreiche Forscher begleiten ihn, um wissenschaftliche Beobachtungen und Experimente zu machen. Am Ende ereilt ihn das gleiche Schicksal wie Magellan: Bei einem Streit mit Einheimischen wird er auf Hawaii erstochen.

Die Verteidiger sind in der Überzahl und wehren sich tapfer. Zwar gelingt es Magellans Truppe, einen Teil des Dorfes in Brand zu stecken, doch schon bald sind ihre Armbrustpfeile und das wenige trockene Pulver verschossen. Nun stürmen Lapulapus Männer aus ihren Verstecken heraus, die Spanier müssen sich auf den Strand

zurückziehen. Lanzen, Pfeile und ein Steinhagel prasseln auf sie ein, viele werden verletzt. Magellan kämpft weiter, wie er es als Ritter gelernt hat. Damit hält er seinen Leuten den Rückweg frei. Doch dabei wird er selbst von mehreren Lanzen getroffen und tödlich verwundet.

Nach so vielen überstandenen Abenteuern und Gefahren endet Magellans Leben am 27. April 1521 – auf klägliche Weise in einem überflüssigen Kampf. Auf einer winzigen Insel, die bis heute auf kaum einer Karte verzeichnet ist. Sechs seiner Leute sterben mit ihm. Die anderen können mit knapper Not von der schicksalhaften Insel flüchten, als ihnen die drei Schiffe der Armada zu Hilfe eilen. Sie fordern die Herausgabe des Leichnams, um ihren Kommandanten zu beerdigen. Doch das wird ihnen verweigert.

Es gibt also kein Grab und keinen Grabstein für den Mann, der die erste Weltumseglung in die Wege geleitet hat. Stattdessen setzt der getreue Schreiber Antonio Pigafetta, der Magellan auch in den schwierigsten Tagen beigestanden hat, seinem Kapitän ein schriftliches Denkmal: »Eine seiner wichtigsten Tugenden war die Standhaftigkeit in den schwierigsten Umständen. Mitten auf dem Ozean konnte er Hunger leichter ertragen als wir alle. Als hervorragender Kenner der Seekarten beherrschte er die Kunst der Navigation besser als jeder andere. Sein Genie und sein Mut brachten ihn dazu, als Erster die Umrundung der Erde zu wagen, die er beinahe geschafft hatte.«

MAGELLANSCHE WOLKEN

Magellan besitzt keinen Grabstein, doch wurde ihm ein anderes, viel größeres Denkmal gesetzt. Rund 200 000 Lichtjahre von der Erde entfernt liegen zwei Galaxien – Nachbarn der Milchstraße. Die kleinere hat fünf Milliarden Sterne, die größere 15 Milliarden. Am südlichen Sternenhimmel sind sie mit bloßem Auge als verschwommene Wolken zu erkennen. Magellan hat sie nicht als Erster gesichtet, doch durch seine Reise werden sie in Europa bekannt und später nach ihm benannt.

Heimkehr mit letzter Kraft

Eine Ersatzmannschaft übernimmt

»Wer wird uns nun den Weg nach Hause weisen?«, fragen sich Magellans Leute, nachdem ihr zielstrebiger Anführer gestorben ist. Leicht hat er es ihnen wahrhaftig nicht gemacht, doch ohne ihren Generalkapitän kommen sie sich in der Fremde verloren vor. Erst einmal, so viel ist sicher, müssen sie hier weg – weg von diesem verflixten, schicksalhaften Ort. Die Einwohner von Cebu scheinen ihnen weiterhin wohlgesinnt, und deshalb nehmen die Spanier die Einladung zu einem Abschiedsessen an. Doch das ist eine Falle.

Die Einheimischen haben längst bemerkt, dass die Fremden nicht so mächtig und unverwundbar sind, wie sie geglaubt haben. So nutzen sie das Gastmahl für einen Überfall auf die Seeleute. Die verschwinden zwar so schnell wie möglich auf ihre Schiffe, müssen aber zwei Dutzend Männer tot oder gefangen auf der Insel zurücklassen. Unter ihnen ist auch Magellans Diener Enrique, den die Malaien am Leben lassen. Deshalb behaupten einige Spanier, dass er mit dem Raja Humabon, dem Herrscher der Insel, eine Verschwörung angezettelt habe, um die Fremden zu vertreiben und selbst die Freiheit zu erlangen. Ob das stimmt oder nicht – auf jeden Fall muss er nicht als Sklave nach Spanien zurückkehren.

So bleiben an Bord der drei Schiffe nur noch 108 Mann Besatzung übrig, die sich schleunigst auf die Flucht begeben. Von den Kapitänen und Steuerleuten, die zwei Jahre zuvor in Spanien aufgebrochen sind, ist nur noch einer übrig. Es ist ein Portugiese namens João Carvalho, und er übernimmt jetzt das Kommando.

»Mit so wenig Leuten können wir keine drei Schiffe segeln«, verkündet er der Mannschaft, »wir müssen eins von ihnen aufgeben.« Das will keiner wirklich wahrhaben, doch der neue Kapitän hat Recht. Weil sich die *Concepción* in besonders schlechtem Zustand befindet, wird sie geopfert. Alles, was noch einigermaßen brauchbar ist, verladen die Matrosen auf die anderen beiden Schiffe. Dann zünden sie die hölzerne Nao an. Langsam verbrennt sie auf dem Meer. Erst die *Santiago*,

dann die *San Antonio,* nun die *Concepción* – von der stolzen Gewürz-Armada ist nur ein trauriger Rest geblieben.

Nach dem Verlust fast aller Offiziere und Steuerleute segelt die Mannschaft ziellos durch das Inselgewirr der Philippinen. Eigentlich wollen sie noch immer zu den Molukken, doch haben sie keine Ahnung, wo die wirklich liegen. So segeln sie aufs Geratewohl von Insel zu Insel und von Küste zu Küste. Manchmal suchen sie den friedlichen Austausch mit den Einheimischen, anderswo überfallen sie deren Dörfer oder kapern ihre Kanus. Aus Magellans geordneter Truppe ist ein wilder Piratenhaufen geworden.

PIRATEN UND FREIBEUTER

Magellans Leute handeln als selbst ernannte, wilde Piraten. Später kommt es auf den Weltmeeren zur staatlich organisierten Piraterie. Nachdem Portugal und Spanien mit Unterstützung des Papstes praktisch die ganze Welt unter sich aufgeteilt haben, wollen das andere seefahrende Nationen nicht hinnehmen. Sie zetteln daraufhin einen eigenartigen Krieg an: Kapitäne und rücksichtslose Haudegen werden als Freibeuter angeheuert und auf Kaperfahrt geschickt. Sie sollen die spanischen und portugiesischen Häfen in Asien und Amerika überfallen und den Handelsschiffen auf hoher See ihre Schätze abjagen. Das funktioniert so gut, dass England, Frankreich und Holland zu Wirtschaftsmächten werden und sich in vielen Teilen der Welt eigene Kolonien sichern.

Die Matrosen sind müde und erschöpft. Einige wollen einfach nur auf einer der tropischen Inseln anlanden und sich dort niederlassen. Andere zieht es zurück in die Heimat. Eines Tages landen sie auf der Insel Borneo, wo der wohlhabende Sultan von Brunei regiert. Er empfängt die Fremden freundlich und bewirtet sie großzügig. Außerdem erfahren sie hier, wo genau sie die Molukken suchen müssen. Doch die Spanier, durch ihre Erfahrungen misstrauisch und feindselig geworden, verschwinden so schnell wie möglich von der gastfreundlichen Küste.

Dabei kommt es wieder einmal zum Streit. Kapitän Carvalho wird abgesetzt, und nun übernimmt der ehemalige Bootsmann Juan Sebastián Elcano das Kommando. Unter seiner Führung kümmern sie sich wieder um ihre eigentliche Aufgabe. »Auf dem schnellsten Weg zu den Gewürzinseln!«, befiehlt der neue Kapitän. Mit Hilfe von einheimischen Lotsen erreichen sie am 8. November 1521 tatsächlich die Molukken – 26 Monate nach ihrer Abreise. Magellans Traum und sein eiserner Wille haben die Schiffe noch nach seinem Tod ans Ziel gebracht.

Nur auf den vier winzigen Inseln Ternate, Tidore, Makian und Bacan gedeiht seit ewigen Zeiten der Nelkenbaum. Tropisches Klima und die fruchtbaren Abhänge der Vulkane bieten ideale Bedingungen für sein Wachstum. Die Einheimischen sind es gewohnt, mit diesem Schatz der Natur zu handeln. Schiffe aus ganz Asien sind hier zu Gast, und so werden auch Elcano und seine Mannschaft freundlich empfangen. Schließlich kennt man die Portugiesen schon, darunter auch Magellans Freund Francisco Serrão, der sich hier niedergelassen hat, allerdings inzwischen gestorben ist.

FRANCIS DRAKE

Der berühmteste und erfolgreichste Pirat aller Zeiten handelt oft auf eigene Faust, aber auch mit Unterstützung der englischen Königin Elisabeth I. Auf zahlreichen Kaperfahrten überfällt er Schiffe und plündert die Häfen der Spanier und Portugiesen in Europa und Amerika. Von 1577 bis 1580 segelt er als erster Engländer mit seinem Schiff *Golden Hinde* rund um den Globus und macht bei seinen Raubzügen immer wieder reiche Beute. Als Vize-Admiral ist er 1588 an der Vernichtung der spanischen Armada beteiligt, die England erobern will. Die Königin erhebt ihn in den Adelsstand, und er wird Abgeordneter im Parlament. Aus einem gewissenlosen Banditen und Plünderer ist ein Nationalheld geworden.

PHILIPPINEN
Homonhom
Cebu
Mactan
Molukken (Gewürzinseln)
Ternate
Tidore
Makian
INDONESIEN
Bacan

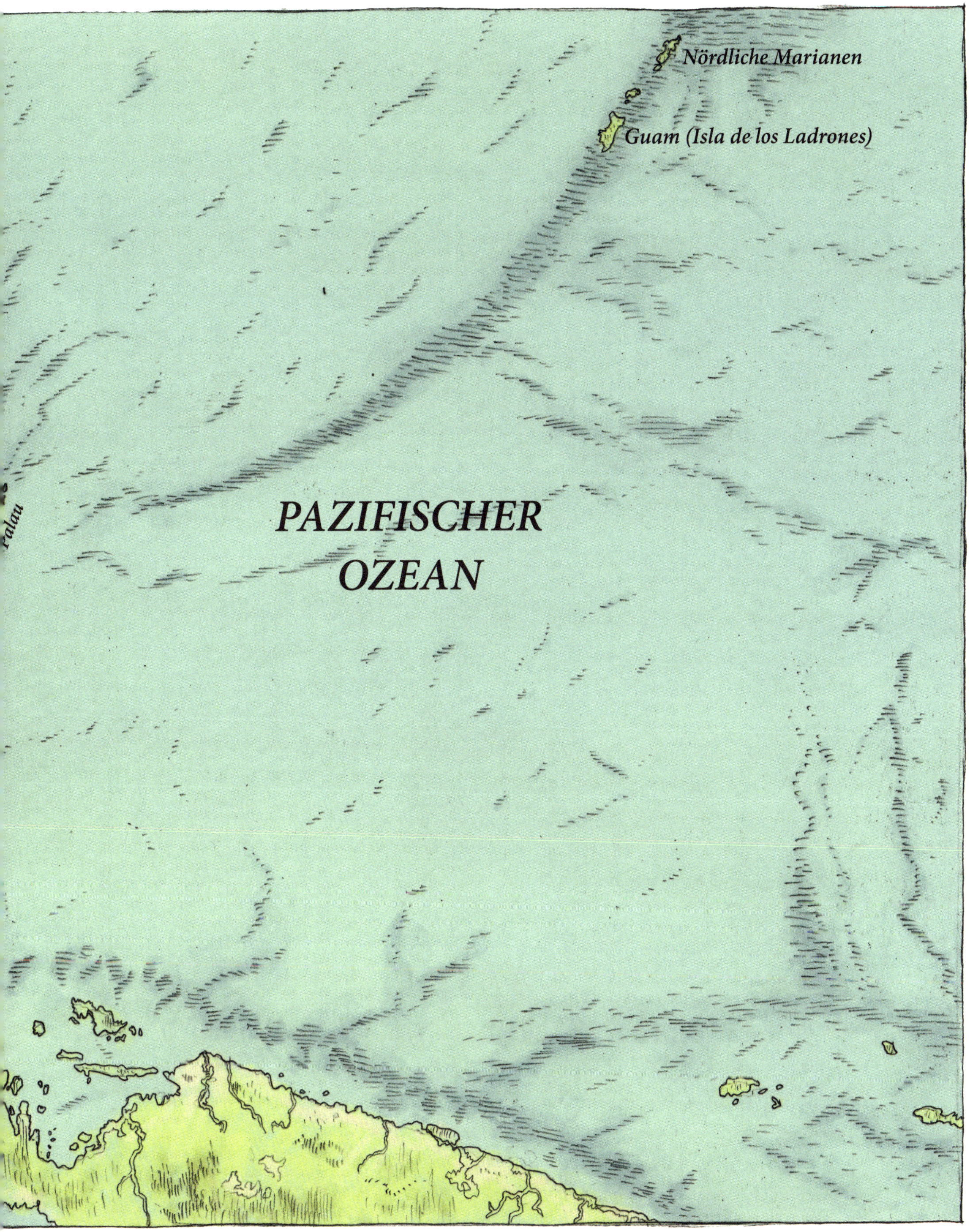

Nördliche Marianen
Guam (Isla de los Ladrones)
Palau
PAZIFISCHER OZEAN

Die letzte Etappe

»Wir müssen hier so schnell wie möglich verschwinden«, erklärt der neue Kommandant Elcano seinen Leuten. Denn die Portugiesen werden bald wiederkommen. Also tauschen sie mit ihren verbliebenen Wertsachen so viele Gewürznelken ein wie möglich, zudem Ingwer, Reis, Kokosnüsse, Feigen, Mandeln, Zuckerrohr, Melonen, Gurken und als Geschenk für den spanischen König Papageien. Die schwere Fracht verladen sie in die beiden Schiffe. Aber schon erleben sie den nächsten Schreck: In die schwer beladene *Trinidad* strömt von unten Wasser ein. Doch sie können das Leck nicht finden. Das Schiff muss wieder entladen werden, die Reparatur wird Wochen dauern. Deshalb entscheiden sie, dass die *Victoria* mit Juan Sebastián Elcano und 47 Männern sofort Richtung Heimat segelt. Der Rest der Mannschaft bleibt zurück und versucht, das Flaggschiff zu reparieren.

Der Schaden wird behoben und die *Trinidad* erneut beladen. Man will jetzt nach Osten über den Pazifik segeln, um die Küste von Panama zu erreichen – dorthin, wo Jahre vorher Nuñez de Balboa den Ozean erblickt hat. Doch der schlechte Zustand der Ausrüstung, ständiger Gegenwind und anhaltende Stürme zwingen zur Umkehr.

Als das spanische Schiff nach mehreren Monaten zu den Molukken zurückkehrt, ist dort inzwischen eine feindliche Armada eingetroffen. Die Portugiesen haben begonnen, eine Festung zu bauen, um ihre Macht über die Inseln zu sichern. Die wenigen Überlebenden auf der *Trinidad* sind zu schwach, um sich zu wehren oder mit ihrem maroden Schiff zu entkommen. Sie werden von den Portugiesen getötet oder gefangen genommen. Viele Jahre später kehren nur noch vier von ihnen auf Umwegen über Indien und Portugal nach Spanien zurück. Die *Trinidad* aber zerbricht bei einem Sturm an der Küste in ihre Einzelteile. Von Magellans fünf Schiffen ist nun auch das vierte verloren – sein ehemaliges Flaggschiff.

NORDWEST-PASSAGE
Kaum hat Magellans Expedition den Seeweg um Südamerika herum entdeckt, träumen andere von einer Durchfahrt nördlich von Kanada und Alaska. 400 Jahre lang suchen Schiffe aus England, Dänemark, Frankreich und Russland einen Weg durch die Eispanzer der Arktis – immer vergeblich. Erst 1906 gelingt dem norwegischen Polarforscher Roald Amundsen die vollständige Durchfahrt. Für den fast 6000 Kilometer langen Seeweg braucht er allerdings drei Sommer und drei Winter. Für regulären Schiffsverkehr ist die Nordwest-Passage erst einmal nicht zu gebrauchen. Aber mit dem Klimawandel und dem Abtauen der arktischen Eismassen ist in Zukunft eine wirtschaftliche Nutzung denkbar.

Einsam und allein segelt zur gleichen Zeit die *Victoria* Richtung Heimat. Einheimische Lotsen lenken sie durch das Gewirr des malaiischen Archipels, bis die Insel Timor erreicht ist. Dort können sie noch einmal ihre Vorräte aufstocken. »Von hier aus fahren wir auf direktem Weg zur Südspitze Afrikas«, verkündet Elcano. Er möchte Indien und die afrikanische Ostküste meiden, um nicht den Portugiesen in die Hände zu fallen. Die haben dort inzwischen überall Stützpunkte errichtet.

Anfang Februar 1522 verlassen sie Timor und haben den gewaltigen Indischen Ozean vor sich. Er ist nicht ganz so groß wie der Pazifik, aber erschreckend weit und einsam genug: Ungefähr 10 000 Kilometer müssen sie allein bis zum Kap der Guten Hoffnung zurücklegen. Es ist wieder eine Reise ins Ungewisse, denn sie haben keine Ahnung, was sie dort erwartet. Wochenlang kämpfen sie mit ihrem altersschwachen Schiff gegen Flaute, Wind und Sturm, gegen Brandung und Strömung. Ein Mast bricht, Segel zerreißen. Ein Matrose nach dem anderen erkrankt an Skorbut, über 20 Männer sterben.

Dass die *Victoria* drei Monate später das Kap der Guten Hoffnung tatsächlich findet und umrundet, ist eine Meisterleistung. Schließlich sind Elcano und die anderen Anführer keine ausgebildeten Kapitäne und Steuerleute. Sie haben nur durch ihre Erfahrungen auf der langen Reise gelernt. Vor allem aber haben sie sich Magellans eisernen Willen zu eigen gemacht. Jetzt scheint der Weg zurück nach Spanien nur noch ein Kinderspiel. Die Entfernung schreckt niemanden mehr, und die Winde und Strömungen im Atlantik sind bekannt. Aber die Vorräte sind wieder einmal restlos aufgebraucht. Fünf Monate sind sie bereits ununterbrochen auf See, länger als mit Magellan im Pazifischen Ozean.

»Uns bleibt keine Wahl: Wir müssen die Kapverdischen Inseln anlaufen«, schlägt Elcano seinen Leuten vor. Diese Inselgruppe liegt zwar direkt auf ihrem Kurs, aber es gibt ein Problem: Sie gehört den Portugiesen, die nichts von der Molukken-Expedition erfahren dürfen. »Also kein Wort darüber, dass wir der letzte Überrest von Magellans Armada sind!«, schärft Elcano den Matrosen ein. Stattdessen tischt er den Portugiesen ein Lügenmärchen auf: »Wir kommen aus Amerika und haben uns in einem Sturm verirrt.«

Anfangs glaubt man ihnen diese Geschichte und versorgt die Seeleute mit Lebensmitteln. Doch dann kommt die Wahrheit ans Licht. Vielleicht haben die Portugiesen entdeckt, dass die *Victoria* Gewürznelken an Bord hat, vielleicht gibt es einen Verräter. Während einige Kameraden an Land festgehalten werden, gelingt Elcano mit dem Rest der Mannschaft auf ihrem maroden Schiff die Flucht.

JOHN FRANKLIN

1845 erhält John Franklin von der britischen Admiralität den Auftrag, die ersehnte Nordwest-Passage um den amerikanischen Kontinent herum zu finden. Seine beiden Schiffe *Erebus* und *Terror* sind auf dem neuesten Stand der Technik und haben Vorräte für drei Jahre geladen. Erfahrene Offiziere und Seeleute sind an Bord. Trotzdem stecken die Schiffe monatelang im Packeis fest. Die Mannschaften versuchen vergeblich, sich zu Fuß nach Süden durchzuschlagen. 15 Jahre lang werden Suchaktionen unternommen, doch das Schicksal von Franklins Expedition bleibt mehr als ein Jahrhundert lang eines der größten Rätsel der Seefahrt. Erst 2014 und 2016 werden die beiden Schiffsrümpfe auf dem arktischen Meeresgrund entdeckt.

Zurück!

Die Männer wollen jetzt nur noch nach Hause. Ob mit oder ohne die kostbare Ladung – ganz egal: Hauptsache, sie kommen in die Heimat zurück. Aber so leicht ist das nicht für diese winzige, geschwächte Truppe auf ihrem morschen Schiff. Nur mit Mühe halten sie den alten Kahn am Leben. Tag und Nacht müssen sie das Wasser hinauspumpen, das durch zahlreiche Löcher im Rumpf hereinströmt. Und es scheint wie ein Wunder: Am 6. September 1522, fast auf den Tag genau drei Jahre nach ihrer Abreise, taucht die *Victoria* im Hafen von Sanlúcar de Barrameda auf. Als einziges der fünf Schiffe von Magellans Gewürz-Armada hat sie den gesamten Globus umrundet. Ihre Mannschaft hat die kühnste Seefahrt aller Zeiten vollendet. Nur 18 von 239 gestarteten Seeleuten kehren heim – erschöpft, ausgehungert und mehr tot als lebendig.

Mit dabei ist Juan Sebastián Elcano, der nicht einmal im Traum daran gedacht hätte, eines Tages das Kommando über ein Schiff zu bekommen. Außerdem Francisco Albo, der gewissenhaft Tag für Tag sein Logbuch geführt hat und nun feststellen muss, dass sie trotzdem an einem falschen Datum in Spanien ankommen – wer Richtung Westen einmal um die Erde segelt, verliert bei seiner Zeitrechnung einen Tag. Zum Glück erreicht auch Antonio Pigafetta das Ziel, denn ohne sein Tagebuch wüsste die Nachwelt nicht so viel über die Einzelheiten der Reise. Schließlich kehrt auch einer der drei Deutschen zurück – ein gewisser Hans aus Aachen. Als Kanonier ist er nie besonders aufgefallen. Jetzt aber zündet er die Böllerschüsse zur Begrüßung der europäischen Heimat.

JOSHUA SLOCUM

1895 bricht der amerikanische Kapitän Joshua Slocum mit seinem elf Meter langen Segelboot *Spray* zur Weltumrundung auf – ganz auf sich allein gestellt. Von Boston aus segelt er über Südamerika, Australien und Südafrika zurück in die Heimat. 1898 hat er als erster Solo-Segler den Globus umrundet. Seine Reise beweist noch einmal, wie viel Glück Magellan seinerzeit mit dem Wetter gehabt hat, als er auf den Pazifik hinausgesegelt ist: Slocum nämlich muss sechs Wochen warten, bis ihm Stürme und Brandung erlauben, die Magellanstraße zu verlassen.

In Sanlúcar de Barrameda, in Sevilla und in halb Spanien ist der Teufel los. Die Seeleute werden als Helden gefeiert. Nach Monaten der Not bekommen sie zu essen und zu trinken, so viel sie nur wollen. Elcano übergibt die wertvollen Gewürznelken an die königlichen Beamten und schickt einen Bericht direkt an König Carlos: »Nach Entdeckung der Gewürzinseln zurückgekehrt! Richtung Westen abgefahren und von Osten nach Hause gekommen! Die Welt umrundet!«

Natürlich lädt der König die Heimkehrer an seinen Hof ein. Ausgiebig werden sie über jede Einzelheit der Reise befragt. So kann auch der gute Ruf von Fernando de Magallanes wiederhergestellt werden, den die Meuterer der *San Antonio* so schwer beschuldigt haben. Einige Weltumsegler schlägt der König zu Rittern. Sie dürfen zur Belohnung ein aristokratisches Wappen tragen: eine Erdkugel mit Nelkenblüten und Muskatnüssen. Außerdem erhalten sie ihren Anteil am Verkauf der mitgebrachten Gewürze.

Juan Sebastián Elcano nimmt 1525 an einer weiteren Molukken-Expedition teil und stirbt dabei auf See. Die *Victoria* wird repariert und segelt noch mehrmals über den Atlantik. Dabei versinkt das erste Schiff, das die Erde umrundet hat, eines Tages irgendwo im Meer – ohne eine Spur zu hinterlassen. Doch andere werden wieder in See stechen. Denn am Ende dieses großen Abenteuers der Menschheit gilt, was bereits an seinem Anfang stand: *Navigare necesse est!* – Seefahrt ist notwendig.

Primus Circumdedisti

QUELLEN, DOKUMENTE und KARTEN

Antonio Pigafetta: *Magellan's Voyage Around the World, Volume I–III,* hg. von James Alexander Robertson, The Arthur H. Clark Company, Cleveland 1906

Antonio Pigafetta: *Mit Magellan um die Welt. Ein Augenzeugenbericht der ersten Weltumsegelung von 1519–1522,* Marix Verlag, Wiesbaden 2009

Lord Stanley of Alderley (Hg.): *The First Voyage Around the World by Magellan,* The Hakluyt Society, London 1874

El Viaje Más Largo, Katalog der gleichnamigen Ausstellung im Archivo General de Indias, Sevilla, Sociedad Mercantil Estatal de Acción Cultural, 2019

WEITERFÜHRENDE LITERATUR

Robert Bohn: *Geschichte der Seefahrt,* Verlag C.H. Beck, München 2011

Francois Chevalier: *Atlas der legendären Seewege,* Delius Klasing Verlag, Bielefeld 2018

Christian Jostmann: *Magellan oder Die erste Umsegelung der Erde,* Verlag C.H. Beck, München 2019

Maja Nielsen: *Magellan. Auf den Spuren des Weltumseglers,* Gerstenberg Verlag, Hildesheim 2010

Wolfgang Reinhard: *Die Unterwerfung der Welt. Globalgeschichte der Europäischen Expansion 1415–2015,* Verlag C.H. Beck, München 2018

Stewart Ross: *Große Entdecker,* Gerstenberg Verlag, Hildesheim 2011

Jann M. Witt: *Eroberer der Meere,* Konrad Theiss Verlag, Darmstadt 2014

Stefan Zweig: *Magellan. Der Mann und seine Tat,* Anaconda Verlag, Köln 2015

STERNSTUNDEN DER SEEFAHRT

Eine kurze Chronik

Mythologie	Die Argonauten suchen mit ihrem wendigen Schiff *Argo* das „Goldene Vlies". Zehn Jahre braucht Odysseus für seine Irrfahrt durchs Mittelmeer.
um 2000 v. Chr.	Die Polynesier beginnen auf Auslegerkanus mit der Erkundung der Inselwelt des Pazifik zwischen Neuseeland und Hawaii.
um 1000 n. Chr.	Der Wikinger Leif Eriksson erkundet die Ostküste des heutigen Kanada, erreicht also Amerika 500 Jahre vor Kolumbus.
um 1300 n. Chr.	Der westafrikanische Herrscher Abubakari ist angeblich über den Atlantik gesegelt und soll in Südamerika eine afrikanische Kultur gegründet haben.
1405–1435	Der chinesische Admiral Zheng He beherrscht mit seiner gewaltigen Flotte von Dschunken die asiatischen Meere.
1418	Der portugiesische Prinz Heinrich der Seefahrer beginnt ein großes Projekt zur Erkundung des Seewegs nach Indien.
1434	Der portugiesische Kapitän Gil Eanes umsegelt als Erster das gefürchtete Kap Bojador an der Westküste Afrikas.
1487	Der portugiesische Kapitän Bartolomeu Dias umrundet die Südspitze Afrikas.
1492	Nach vierwöchiger Atlantikfahrt erreicht Kolumbus mit seinen Karavellen eine Insel der Bahamas und entdeckt eine „Neue Welt" für die Europäer.
1494	Im Vertrag von Tordesillas teilen Spanien und Portugal die Herrschaft über die Weltmeere unter sich auf.
1498	Der portugiesische Kapitän Vasco da Gama erreicht bei Calicut Südindien.
1500	Pedro Álvares Cabral trifft durch Zufall auf die brasilianische Küste und beansprucht diesen Teil Südamerikas für Portugal.
1508	Der Spanier Vicente Pinzón sucht entlang der südamerikanischen Küste nach einer Passage zu den Gewürzinseln, kommt aber nur bis zum Río de la Plata.
1511	Portugiesische Seeleute erreichen und plündern Malakka auf der Malaiischen Halbinsel. Magellan ist als Seemann dabei.
1512	Trotz Schiffbruch erreicht Francisco Serrão als erster Europäer die Gewürzinseln.
1513	Vasco Nuñez de Balboa erblickt als erster Europäer den Pazifischen Ozean.
1519	Magellan verlässt mit fünf Schiffen den spanischen Hafen Sanlúcar de Barrameda.
1520	Magellans Expedition findet die Durchfahrt zwischen Atlantischem und Pazifischem Ozean.
1521	Magellan erreicht mit nur noch drei Schiffen die Philippinen, wird dort aber von

Einheimischen getötet. Die Restmannschaft landet nach langer Irrfahrt zum Jahresende auf den ersehnten Gewürzinseln.

1522 Unter dem Kommando von Sebastián Elcano erreicht die *Victoria*, Magellans letztes verbliebenes Schiff, den Heimathafen Sanlúcar de Barrameda und hat damit die erste Weltumseglung vollendet.

1577–1580 Als erster Engländer segelt Francis Drake mit der *Golden Hinde* rund um den Globus.

1588 Eine spanische Armada mit mehr als hundert Schiffen versucht, England zu erobern, wird aber im Ärmelkanal von den Briten vernichtend geschlagen.

1616 Der niederländische Kapitän Willem Schouten erreicht mit seinem Schiff *Eendracht* den 56. Breitengrad und segelt als Erster um Kap Hoorn.

1768–1779 Auf drei Expeditionen umrundet der britische Kapitän James Cook die Welt und überquert als Erster den südlichen Polarkreis.

1789 Auf dem britischen Schiff *Bounty* findet die berühmteste Meuterei der Seefahrtsgeschichte statt. Der abgesetzte Kapitän William Bligh segelt mit einigen Getreuen in einem winzigen Beiboot 6000 Kilometer über den Pazifik.

1845 Der Brite John Franklin bricht mit seinen Schiffen *Erebus* und *Terror* auf, um die Nordwestpassage um den nordamerikanischen Kontinent zu erkunden. Seine Expedition scheitert und bleibt verschollen.

1895–1898 Der Amerikaner Joshua Slocum segelt in seinem elf Meter langen Boot *Spray* allein um die Welt.

1906 Der norwegische Polarforscher Roald Amundsen durchquert auf der *Gjøa* nach dreijähriger Fahrt erstmals die Nordwestpassage.

1914 Die Eröffnung des Panama-Kanals macht die Schiffspassage um die Südspitze Amerikas überflüssig.

1916 Nachdem der britische Polarforscher Ernest Shackleton mit seinem Schiff *Endurance* in der Antarktis Schiffbruch erlitten hat, rudert und segelt er mit fünf Seeleuten in einem kleinen Boot 1600 Kilometer durch das eisige Polarmeer, um Hilfe für die zurückgelassene Mannschaft zu holen. Alle Männer werden gerettet.

1947 Der norwegische Forscher Thor Heyerdahl segelt mit seinem Floß *Kon-Tiki* von Südamerika nach Polynesien, um zu beweisen, dass die Inkas den Archipel besiedelt haben könnten.

2010–2012 Die Niederländerin Laura Dekker segelt mit ihrem Boot *Guppy* allein um die Welt. Im Alter von 16 Jahren und 4 Monaten vollendet sie als jüngster Mensch überhaupt eine Solo-Weltumseglung. Es ist vorerst die letzte große Sternstunde der Seefahrt.

REGISTER

Volker Mehnert reist als Buchautor, Journalist und Reiseschriftsteller seit Jahrzehnten kreuz und quer durch Lateinamerika, Spanien und Portugal. Dabei war er auch in Patagonien und an den einsamen Ufern der Magellanstraße unterwegs. Sein Opa ist noch auf einem Windjammer um Kap Hoorn gesegelt, und dessen Erzählungen haben ihn schon als Kind für die Seefahrt begeistert. Im Gerstenberg Verlag erschienen seine Bücher *Alexander von Humboldt oder Die Sehnsucht nach der Ferne* und *Die großen Flüsse der Welt*.

Tim Köhler studierte Illustration an der HAW Hamburg und arbeitet seither als freischaffender Illustrator. Inspiration für seine detailreichen Bilder findet er in Film, Literatur und Alltag. Für die Bilder zu diesem Buch unternahm er eine Recherchereise nach Spanien, um die Orte in Augenschein zu nehmen, von denen aus Magellan seine Reise antrat.

1. Auflage 2021

Einbandgestaltung und Illustrationen: Tim Köhler, Offenbach
Text: Volker Mehnert, Bad Soden
Druck und Bindung: Livonia, Riga
Printed in Latvia

www.gerstenberg-verlag.de

ISBN 978-3-8369-6087-8